山东社会科学院 2023 年学术出版资助项目

# "双碳"背景下山东省绿色金融的实践研究

王 韧◎著

GREEN FINANCE

中国社会科学出版社

图书在版编目(CIP)数据

"双碳"背景下山东省绿色金融的实践研究/王韧著. —北京：中国社会科学出版社，2023.8
ISBN 978-7-5227-2514-7

Ⅰ.①双⋯ Ⅱ.①王⋯ Ⅲ.①金融业—绿色经济—研究—山东 Ⅳ.①F832.752

中国国家版本馆CIP数据核字(2023)第165843号

| 出 版 人 | 赵剑英 |
| --- | --- |
| 责任编辑 | 王　曦 |
| 责任校对 | 阎红蕾 |
| 责任印制 | 戴　宽 |

| 出　　版 | 中国社会科学出版社 |
| --- | --- |
| 社　　址 | 北京鼓楼西大街甲158号 |
| 邮　　编 | 100720 |
| 网　　址 | http://www.csspw.cn |
| 发 行 部 | 010-84083685 |
| 门 市 部 | 010-84029450 |
| 经　　销 | 新华书店及其他书店 |
| 印刷装订 | 北京君升印刷有限公司 |
| 版　　次 | 2023年8月第1版 |
| 印　　次 | 2023年8月第1次印刷 |
| 开　　本 | 710×1000　1/16 |
| 印　　张 | 11.75 |
| 插　　页 | 2 |
| 字　　数 | 150千字 |
| 定　　价 | 59.00元 |

凡购买中国社会科学出版社图书，如有质量问题请与本社营销中心联系调换
电话：010-84083683
版权所有　侵权必究

# 目　　录

前言 …………………………………………………………（1）

**第一章　导论** ……………………………………………（1）
　第一节　"双碳"背景下绿色金融的新内涵 ……………（1）
　第二节　我国绿色金融发展的总体概览 …………………（4）
　第三节　国家与山东省绿色金融政策梳理 ………………（9）
　第四节　全国及地方绿色金融发展趋势 …………………（11）

**第二章　"双碳"背景下山东省发展绿色金融的
　　　　　必要性分析** ……………………………………（20）
　第一节　山东省绿色低碳发展的必然要求 ………………（20）
　第二节　重大战略导向下的山东省绿色金融需求 ………（27）
　第三节　"双碳"背景下山东省绿色低碳投资需求分析 ……（30）

**第三章　"双碳"背景下山东省绿色金融发展现状及
　　　　　存在的问题** ……………………………………（38）
　第一节　绿色金融总体发展现状 …………………………（38）
　第二节　绿色金融改革创新发展现状 ……………………（41）
　第三节　绿色信贷和绿色保险发展现状 …………………（43）

第四节　绿色债券和绿色基金发展现状 …………………… (46)
　　第五节　绿色金融服务实体经济的创新实践 ………………… (48)
　　第六节　面临的问题与短板 …………………………………… (57)

第四章　"双碳"背景下山东省金融机构的绿色金融实践 ……… (61)
　　第一节　开发性金融机构的绿色金融实践 …………………… (61)
　　第二节　政策性金融机构的绿色金融实践 …………………… (65)
　　第三节　国有大型金融机构的绿色金融实践 ………………… (69)
　　第四节　地方法人金融机构的绿色金融实践 ………………… (71)
　　第五节　商业性金融机构的绿色金融实践 …………………… (74)
　　第六节　省属国有金融企业的绿色金融实践 ………………… (79)

第五章　"双碳"背景下山东省部分地区的绿色金融实践 ……… (82)
　　第一节　济南市的绿色金融实践 ……………………………… (82)
　　第二节　青岛市的绿色金融实践 ……………………………… (86)
　　第三节　山东省沿黄地区的绿色金融发展实践 ……………… (95)
　　第四节　山东省沿海地区的绿色金融发展实践 ……………… (103)

第六章　国内绿色金融的经验借鉴 …………………………………… (113)
　　第一节　湖州：基于绿色金融探路"转型金融" ……………… (113)
　　第二节　衢州：以碳账户为核心的绿色金融探索 …………… (117)
　　第三节　深圳：国内绿色金融的领跑者 ……………………… (121)
　　第四节　宁夏：绿色金融支持清洁能源产业高质量发展 …… (125)

第七章　山东省绿色金融创新发展的对策建议 ……………………… (130)
　　第一节　在完善绿色金融基础设施上创新发力 ……………… (131)

第二节　在推动绿色金融融合发展上创新发力……………（134）

第三节　在生态文明建设绿色金融支持上创新发力………（137）

第四节　在国家重大战略绿色金融服务上创新发力………（141）

第五节　在转型金融和碳金融方面创新发力………………（144）

第六节　在健全绿色金融制度体系上创新发力……………（154）

**参考文献**……………………………………………………（158）

**后记**…………………………………………………………（174）

# 前　言

如果说"双碳"是一场持久战的话，那么，兵马未动、粮草先行，金融业就是"双碳战争"的粮草。"双碳"时代，我国绿色金融取得了令人瞩目的成绩，在引导绿色投资、促进产业绿色转型、优化能源结构、服务国家战略、支持污染防治、应对气候变化等方面发挥了重要作用，逐步确立了"三大功能""五大支柱"的绿色金融发展路线图。山东省作为经济大省，既面临"产业结构偏重、能源结构偏煤"的转型减碳压力，也面临新旧动能转换的重要战略机遇，还肩负着黄河流域生态保护和高质量发展"走在前"的历史使命。发挥好绿色金融的资本作用，以产业"含绿量"提升发展"含金量"，是促进经济社会发展全面绿色转型的关键一招，是"双碳"背景下山东省赢得战略主动、工作主动的重要赛道。

本书的研究框架大致分为三大部分，第一部分是分析我国绿色金融的政策背景和发展形势，研究"双碳"背景下山东省大力发展绿色金融的必要性；第二部分是全书的核心内容，从山东省绿色金融发展总体现状、山东省金融机构绿色金融实践、山东省部分地市绿色金融实践三个方面，详细介绍了山东省绿色金融的创新发展成绩和面临的不足；第三部分是政策建议，主要是结合山东省发展实际，提出了下一步山东省在绿色金融方面需要重点发力的方面。

全书的重点研究内容主要包括五个方面：一是分析"双碳"背景下山东省发展绿色金融的必要性，估算实现碳达峰碳中和山东省绿色金融的需求空间；二是分析山东省绿色信贷、绿色债券、绿色保险、绿色基金的发展成效，总结梳理现阶段面临的短板与困境；三是介绍山东省内不同金融机构的绿色金融实践，包括开发性金融机构、政策性金融机构、商业性金融机构及省属重要金融企业的绿色金融开展情况；四是介绍山东省具有代表性的城市的绿色金融实践，包括"双核"城市济南、青岛及沿海地区、沿黄地区的部分城市；五是基于山东省内各个方面的绿色金融情况，在完善绿色金融基础设施、推动绿色金融融合发展、健全绿色金融制度体系等五个方面提出了综合性对策建议。

与以往绿色金融的学术著作有所不同，本书的撰写过程主要突出三个特点：一是地域性。目前，市面上关于绿色金融的书籍多数以全国宏观层面介绍为主，仅浙江省湖州市、衢州市的金融主管部门编写过地方性绿色金融书籍，但主要侧重展示政策法规、成果案例。山东省不仅是经济大省，也是工业大省、碳排放大省，绿色金融市场需求巨大，本书以山东省为分析目标，系统梳理了山东省绿色金融发展实践，为"双碳"时代省域绿色金融发展提供政策借鉴。二是广泛性。展示山东省绿色金融发展实践，覆盖面必须广泛，本书在写作过程中，与山东省直相关部门熟悉绿色金融业务的同志组成柔性调研团队，在山东省内选取10多个省直部门、10余家省级金融机构、7个地市开展座谈调研，在省外赴江苏省、浙江省、上海市、广东省等地学习绿色金融发展借鉴。可以说，调研范围从省内到省外，从省级到市县级，从政策制定部门、金融监管部门到银行、证券、保险等实践机构，基本做到了全领域、全覆盖，更大程度保证了全书案例、数据的真实性。三是前瞻性。2021年是

"碳中和元年",绿色金融作为一种新的金融业态,应该要和"双碳"时代发展融为一体,本书结合山东省谋划的重大战略、重大工程、重大项目,将绿色金融支持碳达峰碳中和、绿色金融服务黄河流域生态保护和高质量发展、气候投融资、碳金融等热点问题纳入其中,对山东省未来绿色金融的发展方向、支持领域进行了前瞻性探索。

"双碳"目标不仅是我国下一步经济转型和绿色发展的需要,也是我国对全球格局发展趋势的主动把握与积极应对。放眼当下,山东省正在扎实推进新旧动能转换,认真落实黄河流域生态保护和高质量发展,积极打造绿色低碳高质量发展先行区,推动威海市创建国家级绿色金融改革创新试验区,绿色金融创新发展机遇难求、时不我待。希望本书能够在推动绿色金融政策研究、金融机构绿色金融创新发展等方面持续发挥作用,助力山东省现代金融业高质量发展与经济社会全面绿色低碳转型。

# 第一章　导论

作为全书的开篇，本章将对绿色金融进行一个新的概述，主要体现在四个"新"，一是"双碳"背景下绿色金融有什么新内涵，二是目前全国绿色金融发展到了什么新阶段，三是国内支持绿色金融出台了什么新政策，四是"十四五"时期绿色金融有什么新趋势。通过新内涵、新阶段、新政策、新趋势向读者全面展示"双碳"时代的绿色金融。

## 第一节　"双碳"背景下绿色金融的新内涵

作为一场广泛而深刻的经济社会系统性变革，碳达峰碳中和涉及社会经济发展的方方面面，而作为现代经济的血脉，金融业尤其是绿色金融必将在其中发挥重要作用。随着我国"双碳"目标加速推进落实，绿色金融迎来了一系列的重要进展。顶层设计与制度安排逐步清晰，绿色金融业务呈现出快速发展、多点开花的良好发展局面，也让我们对于绿色金融的新内涵有了进一步思考。

2021年是"碳中和元年"，随着碳达峰碳中和工作的深入推进，我国绿色金融的含义已逐步扩大，以金融支持绿色低碳转型为核心概念，涵盖了可持续金融、气候金融、转型金融等方面的相关内容。虽然相关名词较多，但所有概念本质上都是金融支持绿色低碳转型。国际上使用"可持续金融"相对较多，国内使用"绿色金融"相对较多。目前，国内官方给出的绿色金融定义是：为支持环境改善、应对气候变化和资源节约高效利用的经济活动，即对环保、节能、清洁能源、绿色交通、绿色建筑等领域的项目投融资、项目运营、风险管理等所提供的金融服务[①]。2021年12月30日，中国人民银行举行绿色金融新闻发布会时表示，《绿色金融术语》国家标准已完成首轮意见征集。届时，绿色金融相关术语将得到规范。

从概念上来看，自2021年以来绿色金融发展呈现出一些新态势或新模式。比如，生态环境部、国家发展改革委等九部门开展气候投融资试点工作，明确气候投融资是绿色金融的重要组成部分。再如，"双碳"目标提出后，仅一年，国内资管机构的ESG（环境、社会及治理）投资实践显著增加。当然，还有金融监管人士在多个场合讨论的"转型金融"等。这些新的概念都极大丰富了绿色金融的内涵。那么如何理解气候投融资、可持续金融、转型金融、ESG投资等相关概念？简单来说，从中国国内金融监管机构角度来看，气候投融资是为支持应对气候变化建立的投融资行为；可持续金融是支持国际可持续发展目标实现而建立的金融手段和体系；转型金融主要是为低碳转型活动提供资金支持的金融活动，目前尚在初步发展阶段；ESG投资是将环境、社会、治理三个因素作为投资和资产配置依据的活动。

具体来看，气候投融资将日益成为绿色金融重要领域。过去，

---

① 2016年8月31日，中国人民银行等七部委发布的《关于构建绿色金融体系的指导意见》中对绿色金融进行了概念界定。

第一章 导论

人们都认为绿色产业只会带来社会效益，企业很难收获经济效益，但未来二者能够结合起来。随着体制机制政策不断完善，市场机制也将具备发挥作用的更好基础，过去不具备商业可持续性的项目，在未来会有更可持续的商业前景。政府的承诺能够给市场提供未来技术路线变化的明确预期，降低在新能源、碳减排、碳捕集等领域投资的不确定性。由此，还将为包括水资源、空气污染、生物多样性保护等很多领域带来新的商业投资机遇。

转型金融作为一种特定时期的金融业态，在金融监管部门、金融机构及学术界都引起了广泛讨论。2021年3月，在"碳中和3060"论坛上，中国人民银行金融研究所所长周诚君表示，要在现有绿色金融工作的基础上大力发展转型金融。转型金融更强调支持高碳行业向低碳转型，因此更具灵活性、针对性和适应性，可更好地满足中国大规模的经济能源结构转型投资需求。业内普遍认为，绿色金融包含转型金融，北京绿色金融可持续发展研究院高级研究员饶淑玲在2021年举办的首届气候投融资论坛上提出，之前绿色金融关注的是直接能产生正向环境效益的绿色企业或绿色项目，属于绿色金融1.0。当前绿色金融不仅要继续关注绿色产业，还要重点支持棕色产业将其绝对碳排放降至最低甚至为零，属于绿色金融2.0。所以绿色金融与转型金融不是并列关系，而是包含与被包含关系。2020年9月，在气候债券倡议组织（CBI）发布的《为可信的绿色转型融资》白皮书中，转型的侧重点是如何将现有温室气体排放的轨迹与巴黎协定的目标要求相匹配，也明确指出这是一种气候性的转型。在中国，工业是碳排放的一个重要领域，约占总碳排放量的70%，当前还是"产业结构偏重、能源结构偏煤"的状态，如要实现碳达峰碳中和目标，就需要帮助高碳的传统行业转型。基于此，我国的金融监管机构和金融机构已经开始研究金融如何支持高碳行业低碳转型。

# 第二节 我国绿色金融发展的总体概览

近年来，随着生态文明建设不断推进，新旧动能转换战略持续实施，我国在推进节能减排、清洁生产、循环经济、绿色消费等方面取得了显著成效，同时绿色金融对绿色发展的支撑作用愈加明显。经过这些年的不断探索，我国在绿色金融多个领域实现了从0到1的突破。

## 一 绿色金融顶层设计得到强化

放眼全球，我国是绿色金融政策体系较为完备的国家之一。2015年，《生态文明体制改革总体方案》首次提出"建立绿色金融体系"总体目标。2016年，《关于构建绿色金融体系的指导意见》明确提出构建绿色金融体系的重点任务和具体措施，为绿色金融规范发展提供了政策保障。2017年，党的十九大明确提出发展绿色金融。2020年，党的十九届五中全会再次强调发展绿色金融。2021年，《中共中央 国务院关于完整准确全面贯彻新发展理念做好碳达峰碳中和工作的意见》要求积极发展绿色金融，建立健全绿色金融标准体系，为做好金融支持碳达峰碳中和工作提供了根本遵循。

## 二 绿色信贷政策体系持续完善

在我国整个绿色金融体系中，绿色信贷政策起步最早、经验最丰富，绿色信贷在我国绿色金融领域中规模最大、发展最成熟。从

2007年中国银监会发布《节能减排授信工作指导意见》开始，到后来的《绿色信贷指引》《能效信贷指引》《绿色信贷统计制度》《绿色信贷实施情况关键评价指标》等一系列涵盖监管要求、数据统计、考核评价、分类指导在内的政策体系持续完善，都在督促银行业金融机构从战略高度发展绿色金融，并在加大对绿色低碳循环经济的支持力度的同时，注重防范环境和社会风险，提升自身的环境和社会表现。我国绿色信贷规模多年位居世界第一，截至2021年末，我国本外币绿色贷款余额达15.9万亿元，较2020年增加了4.0万亿元，同比增长33.05%。资产质量整体良好，近5年不良贷款率均保持在0.7%以下。绿色信贷环境效益逐步显现，按照信贷资金占绿色项目总投资的比例计算，21家主要银行[①]绿色信贷每年可支持节约标准煤超过4亿吨，减排二氧化碳当量超过7亿吨。

### 三 绿色债券政策标准逐步趋同

近年来，我国绿色债券市场的基础性制度不断统一，市场发展更加规范，新发布的《绿色债券支持项目目录（2021年版）》对绿色项目的界定更加科学，国内标准实现了统一，也与国际通行标准和规范进一步趋同。气候债券倡议组织（CBI）统计，2020年末，我国在境内外市场发行的符合CBI定义的绿色债券规模位居全球第四，如果考虑所有发行的贴标绿色债券，那么中国将成为仅次于美国的第二大绿色债券发行国。

---

① 21家主要银行为中国工商银行、中国建设银行、中国农业银行、中国银行、交通银行、中国邮政储蓄银行、兴业银行、招商银行、中信银行、中国民生银行、上海浦东发展银行、中国光大银行、平安银行、华夏银行、北京银行、广发银行、上海银行、江苏银行、浙商银行、南京银行、宁波银行。

## 四 绿色保险产品服务日益丰富

我国绿色保险发展从负债端和资产端双重发力，在负债端健全环境污染责任保险制度，鼓励绿色保险业务创新，在资产端将绿色投资纳入监管评价范围，激发保险资管公司业务创新的积极性。经过数年发展，绿色保险覆盖面不断扩大。保险业协会调研统计，2018—2020年，保险业累计提供45.03万亿元的绿色保险服务，保险范围涵盖绿色能源、绿色资源、环境污染、巨灾等多个领域。保险资金支持绿色发展的力度加大，截至2021年6月末，保险资金通过股票、债券、债权投资计划、股权投资计划等方式投向碳达峰碳中和、绿色发展相关产业的账面余额合计9212.98亿元，相关绿色领域投资的债权投资计划累计注册金额约为1.06万亿元。

## 五 绿色信托政策取得较大进展

2022年中国银保监会明确将"多元化开展绿色信托业务"纳入信托行业监管评价要素，2019年12月中国信托业协会发布绿色信托指引，推动信托机构积极服务绿色产业发展。截至2020年末，绿色信托资产存续规模为3593亿元，同比增长7.1%，全年新增资产规模为1200亿元；存续项目数量为888个，同比增长6.73%，全年新增项目数量为360个。从支持范围来看，超过60%的绿色信托资金投向清洁生产和基础设施绿色产业升级。从环境表现来看，2020年绿色信托累计节约标准煤250万吨，减排二氧化碳当量超过700万吨。

## 六 绿色金融改革试点不断深化

近些年，我国多个省份相继开展绿色金融实践探索，推动绿金融改革不断创新。自 2017 年起，区域性绿色金融改革试点逐步拓展至六省（区）九地，以浙江湖州、衢州为代表的部分经验已获得局部推广。各试点地区立足生态资源环境禀赋和经济发展基础，推动区域绿色高质量发展，积累了大量可复制、可推广的宝贵经验，为全局性绿色金融改革奠定了良好基础。截至 2020 年末，试验区绿色贷款余额达 2368.3 亿元，占全部贷款余额的 15.1%；绿色债券余额达 1350.5 亿元。

## 七 国际交流合作进一步加深

我国是世界上最早出台绿色信贷相关监管要求、开展绿色信贷统计和关键指标评价的国家，为各国银行监管当局提供了示范，多年来一直在国际绿色金融领域发挥着重要影响。2012 年，中国银监会参与发起可持续银行网络（SBN），并在 2016 年召开的 G20 杭州峰会上，引领形成绿色金融全球共识。2017 年，中国人民银行参与发起设立了央行与监管机构绿色金融网络（NGFS），推动央行和监管机构间绿色金融合作。2018 年，中国金融学会与英国伦敦金融城推出《"一带一路"绿色投资原则》（GIP）。2021 年，中欧加快研究绿色金融共同标准。中国银行保险机构积极参与绿色金融领域国际合作，相继采纳"赤道原则"、联合国《负责任银行原则》（PRB）等国际准则，开展跨境投融资合作，支持绿色低碳企业"走出去"。

虽然在绿色金融机制体制建设和绿色金融产品操作实践上取得了很多成就，特别是"十四五"作为中国经济新旧发展动能的重要转换期，绿色金融发展也迎来了重大机遇，但中国在绿色金融发展方面也面临政策体系不完善、市场机制不健全、绿色低碳技术不成熟、绿色金融专业能力有待加强等一系列严峻挑战，具体体现在以下五个方面。

第一，绿色金融总量供应不足。目前，我国已初步形成绿色贷款、绿色债券、绿色保险、绿色基金、绿色信托、碳金融产品等多层次绿色金融产品和市场体系。主要金融机构绿色信贷余额稳步发展，但仍存在较大提升空间。中国人民银行数据显示，截至2021年末，我国本外币绿色贷款余额为15.9万亿元，同比增长33.05%，存量规模位居全球第一；2021年境内绿色债券发行量超过6000亿元，同比增长180%，余额达1.1万亿元。但多项研究认为，中国实现"双碳"目标需要的投资规模在100万亿元以上，现在的绿色金融供应规模还不能有效满足绿色发展的需求。

第二，绿色金融产品不够丰富、结构不够平衡。目前，我国绿色金融产品以绿色信贷、绿色债券为主，其他产品如绿色保险、ESG投资、碳排放权交易相对较少。在整个债券市场中，绿色债券的占比仍然较低，我国有绿色偏好的机构投资者的比重也明显低于欧洲和美国，不能有效覆盖广泛的绿色金融需求。我国也相对缺乏专业化的绿色PE和VC基金管理机构，根据中国基金业协会的统计，目前在协会注册的、冠名为绿色的各类基金有500多只，但绝大部分投资于绿色上市公司和使用成熟技术的绿色项目中，很少有基金涉足绿色技术创新领域。

第三，绿色标准尚不统一。截至2021年底，我国已经制定了3套绿色标准，涵盖绿色信贷、绿色债券和绿色产业，分别为中国银监会2013年制定的《绿色信贷统计制度》、中国人民银行于2015年12月核准的《绿色债券支持项目目录（2015年版）》，该标准于2021年进行了更新，以及国家发展改革委等七部委于2019年3月发布的《绿色产业指导目录（2019年版）》。这些标准在对象、范围、精细程度上存在差异，绿色项目认定口径、产品设计、信息披露和风险管理要求不尽相同，绿色项目识别较难，难以鉴别

"洗绿""漂绿"行为（企业声称将资金用于绿色技术创新，但实际上相关技术并不能产生新的环境效益，只是假借绿色技术的名义进行融资）。绿色技术在标准化和认证方面尚未有明确和统一的界定，标准的不统一影响了绿色金融业务的有效开展。

第四，激励约束机制有待完善。当前绿色产品和服务相对来说成本高、周期长、风险大，绿色金融的激励约束机制不够完善，难以有效弥补这些初期弱势，导致绿色金融商业可持续性不足。在激励端，我国已经推出一些财政激励、税收减免等政策，但尚未形成有效机制，市场化机制和社会资本支持相对不足，大量绿色生产（如清洁能源、电动车）和消费绿色（如节能家电、绿色建筑等）的发展还严重依赖有限的政府补贴；在约束端，我国环境绩效信息目前处于自愿披露阶段，尚未建立起权威普适的绿色信用评级体系，导致绿色信贷政策仍停留在贷款对象分类、设立授信门槛等方面，无法对不同环境表现的企业实行差异化贷款定价，未将环境风险管理落实到银行信贷的每个环节。

第五，数据开放共享不足。大量社会责任和气候变化相关评价的数据来源于多个公共部门，目前不少地区的公共部门中仍存在数据"孤岛"，导致部分数据缺失、数据更新不及时和数据口径难以统一等，数据质量不高直接影响绿色金融的推动质量。

## 第三节 国家与山东省绿色金融政策梳理

政策的建立与完善是绿色金融制度体系的重要内容，自2016年中国人民银行等七部委联合印发绿色金融纲领性文件——《关于构建绿色金融体系的指导意见》以来，从中央到地方陆续出台了一系列绿色金融相关的政策文件，本书分别对国家层面和山东省级层面的相关文件进行梳理，具体如表1-1和表1-2所示。

表1-1　　　　　　　国家层面绿色金融相关政策

| 相关部委 | 出台时间 | 政策名称 | 政策含义 |
| --- | --- | --- | --- |
| 中国人民银行等七部委 | 2016年 | 《关于构建绿色金融体系的指导意见》 | 意见的出台使中国成为全球首个建立比较完整的绿色金融政策体系的经济体 |
| 中国人民银行 | 2018年 | 《关于建立绿色贷款专项统计制度的通知》 | 完善了绿色贷款"统"与"计"协调问题 |
| 中国人民银行等三部委 | 2021年 | 《关于设立支持煤炭清洁高效利用专项再贷款有关事宜的通知》 | 提升煤炭清洁高效利用水平 |
| 中国人民银行 | 2021年 | 《中国人民银行关于设立碳减排支持工具有关事宜的通知》 | 支持金融机构为碳减排重点领域内具有显著碳减排效应的项目提供优惠利率融资 |
| 中国人民银行等三部委 | 2021年 | 《绿色债券支持项目目录（2021年版）》 | 进一步规范国内绿色债券市场 |

资料来源：笔者根据中国人民银行网站相关政策文件整理。

表1-2　　　　　　　山东省级层面绿色金融相关政策

| 相关部门 | 出台时间 | 政策名称 | 政策含义 |
| --- | --- | --- | --- |
| 中国人民银行济南分行 | 2019年 | 《关于推广"绿色票据直通车"再贴现操作模式支持绿色产业资金融通的通知》 | 发挥货币政策工具对山东绿色经济的支持作用 |
| 中国人民银行济南分行等九部门 | 2020年 | 《关于发展绿色金融服务生态文明建设和高质量绿色发展的实施意见》 | 发挥绿色金融推动山东经济绿色转型发展，加快推进山东金融供给侧结构性改革 |
| 中国人民银行济南分行 | 2021年 | 《山东省银行业法人金融机构绿色金融评价实施细则》 | 提升金融支持山东绿色低碳高质量发展能力 |

续表

| 相关部门 | 出台时间 | 政策名称 | 政策含义 |
|---|---|---|---|
| 中国人民银行济南分行等四部门 | 2021年 | 《关于支持开展碳排放权抵质押贷款的意见》 | 发挥绿色信贷优化资源配置、服务实体经济的功能，拓宽企业绿色融资渠道 |
| 中国人民银行济南分行等五部门 | 2021年 | 《关于金融支持生态环境保护和生态环保产业发展的若干措施》 | 引导和激励更多金融资源支持生态环保产业发展 |
| 中国人民银行济南分行、山东省生态环境厅 | 2021年 | 《山东省再贴现减碳引导管理办法》 | 运用再贴现政策工具引导金融机构加大对绿色低碳发展的支持力度 |
| 中国人民银行济南分行等八部门 | 2022年 | 《关于推动碳减排支持工具落地见效助力山东省绿色低碳转型的若干措施》 | 助推碳减排支持工具落地见效 |
| 山东省发展和改革委员会等四部门 | 2022年 | 《关于建立碳金融重点项目库搭建政银企服协作推进平台的通知》 | 利用好碳减排工具和支持煤炭清洁高效利用专项再贷款政策 |
| 中国人民银行济南分行 | 2022年 | 《关于贯彻稳健货币政策支持山东省黄河流域生态保护和高质量发展的意见》 | 金融助力黄河国家战略，加快发展绿色金融和转型金融 |
| 山东省生态环境厅、中国人民银行济南分行 | 2022年 | 《山东省环保金融项目库管理办法（试行）》 | 可为金融机构、市场主体提供更为清晰的绿色金融支持对象 |

资料来源：笔者根据中国人民银行济南分行网站相关政策文件整理。

## 第四节　全国及地方绿色金融发展趋势

自碳达峰碳中和目标提出后，国家层面对绿色金融的支持力度不断加大，各地也将大力发展绿色金融逐渐提上日程，很多大型金融机构将绿色金融作为长远发展战略之一。绿色金融与普惠金融、科创金融一道，逐步成为我国金融业发展的三大业态。

## 一 明确绿色金融"三大功能""五大支柱"发展思路

推动绿色低碳转型发展，实现碳达峰碳中和目标，需要各方面的共同努力，绿色金融是不可或缺的一环。2021年10月，《中共中央 国务院关于完整准确全面贯彻新发展理念做好碳达峰碳中和工作的意见》明确提出要积极发展绿色金融，建立健全绿色金融标准体系等。实际上，中国是全球首个建立系统性绿色金融政策框架的国家，早在2016年8月，中国人民银行等七部委共同出台了《关于构建绿色金融体系的指导意见》，确立了中国绿色金融体系建设的顶层架构。在此基础上，2021年中国人民银行将"落实碳达峰碳中和重大决策部署，完善绿色金融政策框架和激励机制"列为重点工作，确立了"三大功能""五大支柱"的绿色金融发展政策思路。

"三大功能"绿色金融发展政策思路：一是通过货币政策、信贷政策、监管政策等，引导和撬动金融资源向低碳项目、绿色转型项目、碳捕集与封存等绿色创新项目倾斜；二是通过气候风险压力测试、环境和气候风险分析、绿色和棕色资产风险权重调整等工具，增强金融体系管理气候变化相关风险的能力；三是推动建设全国碳排放权交易市场，发展碳期货等衍生品，通过交易为碳排放合理定价。

绿色金融领域的"五大支柱"包括完善绿色金融标准体系、强化信息报告和披露、在政策框架中全面纳入气候变化因素、鼓励金融机构积极应对气候挑战、深化绿色金融国际合作。

现阶段中国人民银行正在加快构建"国内统一、国际接轨、清晰可执行"的绿色金融标准体系。2021年4月正式发布的《绿色债券支持项目目录（2021年版）》正是一项非常重要的绿色金融标准，首次将中国绿色债券的标准进行了统一。新版目录主要着眼于应对气候变化，也就是碳减排，同时还考虑了保护生物多样性等要求，且不再将煤炭等化石能源项目纳入支持范围，更好地实现了与国际通行标准的衔接与统一。

对金融机构的绿色金融业务进行有效评价是中国人民银行激励约束的重要途径。2018年7月，中国人民银行印发相关评价方案，开始对全国金融机构进行绿色信贷业绩评价。2021年7月实施的《银行业金融机构绿色金融评价方案》将绿色信贷、绿色债券等绿色金融业务正式纳入考核业务的覆盖范围，其评价结果纳入央行金融机构评级等宏观审慎政策框架。2021年第三季度，中国人民银行发布了首批绿色金融标准，包括《金融机构环境信息披露指南》及《环境权益融资工具》两项行业标准，拉开了中国绿色金融标准编制的序幕，也填补了相关领域绿色金融行业标准的空白。对银行业金融机构而言，《环境权益融资工具》标准的发布也意味着发放碳排放权质押贷款有了行业标准指引，这有利于鼓励银行业金融机构积极主动为优质碳减排企业和项目提供资金支持。2021年中国在金融国际合作和对外开放、深化绿色金融国际合作方面也取得了长足进展，2021年10月底，中国人民银行牵头完成二十国集团首个可持续金融框架性文件《G20可持续金融路线图》。这是自2018年之后，G20国家领导人再次就绿色与可持续金融议题达成重要共识，为协调推动全球绿色与可持续金融发展，动员私营部门为支持应对气候变化提供新动力。此外，推动中欧绿色分类标准趋同也取得了阶段性进展。

从全国层面来看，下一步绿色金融将重点围绕三个方面工作展开。一是健全顶层设计，引导和撬动更多资金进入碳减排领域，推动能源结构、产业结构、生产和生活方式全方位绿色低碳转型。二是推动标准研制，完善绿色金融和转型金融的标准。三是强化信息披露，开展金融机构碳核算，稳步推进气候风险压力测试。四是完善激励约束，提升金融系统支持绿色低碳发展的内在动力。五是更好发挥全国碳排放权交易市场的定价作用，以更加市场化的方法实现碳减排。

## 二 "双碳"目标下绿色金融重要性更加凸显

2022年中央经济工作会议将正确认识和把握碳达峰碳中和列为一项重要任务。会议强调，实现碳达峰碳中和是推动高质量发展的内在要求，要坚定不移地推进，但不可能"毕其功于一役"。要坚持全国统筹、节约优先、双轮驱动、内外畅通、防范风险的原则。传统能源逐步退出要建立在新能源安全可靠的替代基础上，要创造条件尽早实现能耗双控向碳排放总量和强度双控转变。"不可能毕其功于一役"指的是实现"双碳"目标是相对长期的过程，不能超越现实急功近利地追求"毕其功于一役"的效果。要看到，与发达国家相比，当前中国仍处于快速工业化、城镇化的进程，经济会在较长一段时间内保持中高速增长，人均能源需求尚有较大上升空间，所以要提出明确要求，做出科学部署。不能简单地以牺牲经济增长速度、国民财富积累和人民生活水平提高为代价，而是要实现碳减排约束下全面协调、可持续的高质量发展。这就需要我们充分、理性、科学地平衡好生态文明建设与经济社会发展的关系。

"双碳"目标早已不是单一的行业降碳目标，而已成为中国实现生态文明建设目标的主要抓手，目前中国已将具体可行的政策路线图拿了出来。2021年10月，中央碳达峰碳中和工作领导小组陆续发布了"1+N"政策体系，所谓"1"指的就是《中共中央 国务院关于完整准确全面贯彻新发展理念做好碳达峰碳中和工作的意见》（以下简称《意见》）。《意见》被视为"双碳"目标工作的顶层设计，为碳达峰碳中和这项重大工作进行了系统谋划和总体部署。而"N"则包括《2030年前碳达峰行动方案》以及十大重点领域和行业的政策措施与行动，其中包括大力发展绿色金融，以扩大资金支持和绿色投资。

根据多个国际组织、科研机构的测算，中国碳排放峰值将超过100亿吨，而美国碳排放峰值为57亿吨，欧盟约为44亿吨，而且中国从碳达峰到碳中和只有30年的时间，远远低于欧美国家50年到70年的时间，中国需要按自身节奏来推进碳达峰碳中和，努力平衡经济发展与降碳减排，预防和化解转型风险，以实现绿色转型。未来几十年，绿色低碳转型将嵌入所有经济活动的内核，成为投资、生产、消费和流通等决策的核心逻辑，经济发展方式和人民生活方式也将从不可持续的资源高度依赖型转向持续优化的技术创新型。诸多研究已经对未来30—40年中国实现碳中和所需新增投资需求进行了不同口径的研究测算，清华大学的预测值是174万亿元[1]、高盛集团的预测值是104万亿元[2]、中金公司的预测值是139万亿元[3]。

## 三 国家级绿色金融改革创新试验区试点不断扩大

近年来，绿色金融改革创新试验区的表现在中国整个绿色金融版图中格外亮眼。监管部门深入开展绿色金融改革创新实践，中国成为全球唯一设立绿色金融改革创新试验区的国家。自2017年以

---

[1] 清华大学气候变化与可持续发展研究院：《中国长期低碳发展战略与转型路径研究：综合报告》，中国环境出版社2021年版，第5页。

[2] Goldman Saches Growp, *Carbonomics: China Net Zero: The Clean Tech Revolution*, Jan. 20, 2021.

[3] 中金公司研究部、中金研究院：《碳中和经济学》，中信出版社2021年版，第8页。

来，国务院先后批准了6个省份多地建立绿色金融改革创新试验区，包括浙江、江西、广东、贵州、新疆和甘肃设立了六省（区）九市绿色金融改革创新试验区，探索"自下而上"的地方绿色金融发展路径。经过五年多的改革实践，国家绿色金融改革创新试验区取得了一定成效。中国人民银行首次在《中国区域金融运行报告（2021）》公布了绿色金融改革创新试验区的成绩单，"各试验区绿色金融标准、绿色金融产品创新取得阶段性成果"，数据显示，2020年末六省（区）九市试验区绿色贷款余额达2368.3亿元，占全部贷款余额比重为15.1%；绿色债券余额为1350亿元，同比增长66%。21世纪资本研究院统计，截至2020年底，各试验区均成立了绿色金融专营机构，绿色金融事业部或专营机构总数达238家，较2019年增加了53家，增长28.6%；其中银行业绿色专营机构为190家，非银行业绿色专营机构为40家，成立专营机构的主体包括证券公司、保险机构、信托公司、研究机构、担保公司、绿色企业等[①]。

各试验区在试点改革过程中，结合本地经济社会发展现状和资源禀赋优势，探索出了许多成功经验。例如，浙江和广东等经济较发达省份，利用自身雄厚的产业基础和金融基础，积极探索绿色金融支持传统产业转型路径。其中，浙江省衢州市先后开展了绿色金盟"五量"评价系统、安全生产和环境污染综合责任保险、私募绿色双创金融可转债等40多项首创性工作。此外，贵州和江西结合自身绿色资源丰富优势，积极探索绿色金融支持生态农业、清洁能源等优势产业发展，甘肃贯彻国家"两屏三带"生态安全战略，科学认识所处地区生态脆弱性特征，大力发展生态产业，设立绿色生

---

① 笔者根据21世纪资本研究院发布的《中国绿色金融报告（2021）》整理。

态产业发展基金，积极探索绿色金融支持生态产业路径。

中国人民银行曾经明确在试验区开展金融机构环境信息披露工作，在2021年4月召开的第四次联席会议上，中国人民银行副行长刘桂平强调，各试验区要牢牢抓住强化碳排放等气候类信息披露的契机，为碳排放信息及其他环境指标的测算与披露创造条件，不断提高环境信息披露的科学性和有效性。刘桂平还透露，将"适时启动试验区扩容工作"①。2021年12月，中国人民银行研究局局长王信透露，中国人民银行正在指导绿色金融改革创新试验区的金融机构编制环境信息披露报告并探索开展碳核算，未来将适时推广到全国②。关于试验区扩容，2021年中共中央办公厅、国务院办公厅印发的《关于深化生态保护补偿制度改革的意见》提出要扩大绿色金融改革创新试验区试点范围，把生态保护补偿融资机制与模式创新作为重要试点内容。21世纪资本研究院于2021年7月介绍，作为全国首批申请建设绿色金融改革创新试验区的直辖市，北京绿色金融改革创新试验区将落地通州副中心，定位为构建绿色金融国际中心；而重庆绿色金融改革创新试验区则定位为全国首个省级（直辖市）碳中和经济体。

## 四 地方"十四五"金融发展规划更加注重绿色金融

绿色金融作为支撑"碳中和"目标的政策工具，各省（区、市）的金融业"十四五"发展规划中均提到发展绿色金融相关措施，经详细梳理，主要集中在以下几个方面。

个别省份将绿色金融列入金融发展预期指标。已发布金融业

---

① 《央行副行长：适时启动绿色金融改革创新试验区扩容工作》，http：//www.gov.cn/xinwen/2021-05/05/content_5604715.htm。
② 根据2021年12月30日中国人民银行召开的小微企业金融服务和绿色金融新闻发布会内容整理。

"十四五"规划的省份中,将绿色金融纳入预期指标的省份有广东、浙江,且以上两个地区的规划中仅涉及绿色信贷的量化指标,量化指标相对单一。其中,广东"十四五"金融发展主要预期指标中,绿色信贷余额从2020年的1万亿元提升至2025年的3万亿元。浙江"十四五"时期金融发展主要预期指标中,绿色贷款占各项贷款的比重将从2020年的7%提升到2025年的不低于10%。

各省(区、市)持续完善绿色金融政策体系。各省(区、市)已发布的金融业"十四五"规划均提出持续完善绿色金融政策体系相关工作,其中均提到下一步将研究制定绿色金融专项政策,此外,政策体系关注的重点还包括建立具体的绿色评级体系、环境信息披露标准等。例如,江西在"十四五"规划中明确表示,要研究出台绿色金融支持碳达峰碳中和政策意见,充分发挥市场配置资源的决定性作用,引导金融资源向清洁能源、绿色建筑、绿色交通等低碳领域倾斜。湖北在"十四五"规划中提出参照《绿色产业指导目录(2019)》,完善适合湖北省情的绿色企业(项目)认定标准、绿色金融产品服务标准、绿色信用评估认定标准、环境信息披露标准,探索建立针对绿色项目、绿色信贷、绿色债券等的绿色评级体系,加快培育或引入第三方绿色认证服务机构,定期开展绿色企业(项目)遴选、认定和推荐工作。

各省(区、市)加快推动绿色金融产品和服务创新。各省(区、市)已发布的金融业"十四五"规划均强调进一步推动绿色金融产品和服务创新,重点集中在各种环境权益类产品上。例如,湖北鼓励金融机构开发推广环境权益类质押融资贷款等绿色信贷产品,创新发展排污权、碳排放权、用能权等绿色权益抵质押贷款业务,支持绿色企业上市融资、发行绿色债务融资工具和绿色债券。重庆在"十四五"规划中提出依托绿色金融改革创新试验区建设,聚集更多绿色金融机构、绿色研发机构、绿色中介服务机构，助推经济绿色低碳转型，建立健全碳排放权、水权、排污权、用能权等交易市场，创新绿色金融产品和服务，探索建立绿色金融指数。

部分省份加快布局碳金融。江西、湖北等17个省（区、市）在"十四五"规划中提到碳金融，支持丰富碳市场参与主体，积极培育多元化的碳金融投资者，引导各类资本参与碳金融市场。例如，江西努力争取国家气候投融资试点，积极参与全国碳排放市场交易，利用当地森林覆盖优势积极开发碳资产，创新碳金融产品，鼓励开发碳指数、碳保险、碳期货等交易工具，碳债券、碳基金、碳质押等融资工具。构建碳排放、碳足迹核查制度，推动金融机构开展环境（气候）信息披露及环境（气候）风险压力测试。湖北支持全国碳排放权注册登记机构引入战略投资者，进一步拓展业务范围，创新碳排放交易产品，丰富碳交易市场主体，努力保持湖北碳金融领域全国领先地位。推动成立武汉清算所，打造碳市场现货及衍生品清算基础平台。探索建立企业碳核算账户，构建碳金融统计制度。

# 第二章 "双碳"背景下山东省发展绿色金融的必要性分析

山东省为什么需要大力发展绿色金融？本章将对山东省发展绿色金融的必要性进行分析，主要基于三个层面：一是行业层面，如期实现碳达峰碳中和目标，山东省高碳行业低碳转型需要资金支持，使得发展绿色金融十分必要；二是战略层面，与山东省密切相关的黄河国家战略、新旧动能转换重大战略，都要求在推动绿色低碳高质量发展上作引领示范，使得发展绿色金融十分必要；三是市场层面，全省绿色低碳转型离不开绿色投资，经估算山东省绿色投资需求空间巨大，使得发展绿色金融十分必要。

## 第一节 山东省绿色低碳发展的必然要求

绿色低碳高质量发展，关键在能源、核心在产业、重中之重是高碳行业。本节对电力、钢铁、建材、有色、化工、石化、造纸七大高碳行业进行测算分析和实地调研，分析了山东省高碳行业绿色低碳转型面临的制约因素及可能的转型路径。

山东省科学院测算，全省电力、钢铁、建材、有色、化工、石化、造纸七大行业排放总量近8亿吨，占全社会能源消费碳排放的84%；到2022年（新旧动能转换取得突破）、2025年（"十四五"末）、2027年（预计峰值年），挖潜空间分别达7580万吨、11750万吨、13600万吨左右，可谓难啃的"硬骨头"，但也是最大潜力所在。抓住"去碳化"这一国家重大战略机遇，依托雄厚的制造业实力，主动作为、率先发力，推动高碳行业绿色低碳高质量发展，抢占低碳产业发展和技术创新制高点，努力探索一条既能保持产业竞争力、促进经济持续稳定增长，又能强力减排的清洁低碳发展路径，在重塑经济格局中掌握主动权，是摆在山东省面前重大而紧迫的任务。

从山东省实地调研和走访情况来看，基层和企业、行业协会等各方面对"双碳"战略认识比较到位，"不得不转""早晚要干"的理念已深入人心，但也存在不少顾虑、困惑和现实障碍。通过问卷调查，企业反映比较突出的问题集中在以下几个方面。

## 一　技术、资金、管理等瓶颈制约

技术储备不足，53%的企业表示严重缺少专业人才支撑，64%的企业对现有低碳政策及相关新技术、新材料不了解或认知度不高，62%的企业认为自身缺乏行之有效的节能技术储备。山东省钢铁协会负责人表示，电炉替代面临成本竞争力不强、废钢资源支撑不足、氢冶炼技术不成熟等天花板制约，实现更大力度碳减排需要的革命性技术何时出现还不明确，没有技术迭代作为前提，企业也将无所适从。受疫情等因素影响，部分行业出现生产成本上升、盈利能力下降等情况，加之银行等金融机构对高碳资产进行重新估值定价、"慎贷"倾向明显，企业低碳转型普遍面临融资难、担保难。40%的企业因无力获取转型资金而"不能转"，35%的企业担心高成本融资转型会降低市场竞争力而"不敢转"。与此同时，企业对发展绿色金融的呼声很高，64%的企业认为设立低碳转型基金很有必要，18%的企业亟须增加绿色信贷额度。能源管控"杂乱散"，90%的企业存在多源头管控、"数据孤岛"，仅有40%的企业初步建立低碳管理制度。大多数企业未制定碳排放管理体系，93%的企业对碳资产金融属性尚无明晰概念。

## 二 法治化市场化手段匮乏

行业出清缺乏法律依据和配套措施，习惯用行政命令式的下指标、压任务。基层单位反映，地方落实不了就是没有完成上级任务，并且往往会因为个别企业不履行主体责任而担责，而严格落实也会有法律依据不足的风险，有时左右为难，建议以市场化、法治化方式引导高耗能企业进行能源供给低碳化、用能终端电气化改造及负碳排放技术创新。市场化机制推进相对滞后，90%以上的企业都希望政府出台市场化交易相关政策。有企业反映，新上项目能耗、环境容量指标至今没有着落，若能通过市场化交易解决指标问题，出资购买也心甘情愿。有企业反映，采用行政手段去产能，短期虽能见效，但容易出现反弹，处理不好还会引发金融、就业、社会稳定等问题，政府应在能源管理中引入市场机制，增强企业预期。

## 三 正向引导激励不够

推动传统产业转型升级的导向性不强，在调研座谈中，许多企业负责人认为，传统制造业是山东省的"家底"所在，但目前有些政策倾向于将其简单地归为"落后产能"或者"过剩产能"，"压"的多、"促"的少，感觉"被边缘化了"。政策变更留给企业的缓冲期不足，68%的企业希望设定政策执行缓冲期，11%的企业表示受政策"急转弯"影响已有产能外迁或准备外迁。有企业反映，前期根据政策要求投入巨资进行节能或环保改造，如今政策调整，又面临"一刀切"式的关停，相关补偿还跟不上，影响生产经营。相关行业协会则提出要廓清几个概念，不能简单地把"减碳"等于"减产"，"高耗能"也并不一定就是"高排放"，如果消耗的是清洁能源，并不会影响实现碳达峰，应纠正这些误区，以免影响能源安全和产业链稳定。

调研中发现，企业普遍感到应对"双碳"战略"老虎吃天——无从下口"，等待观望思想较为严重，热切期盼省级层面加强统筹谋划、顶层设计，使高碳行业全产业链有共同遵循的技术路线和行动方向。从调研情况看，建议重点抓住以下四个方面。

第一，突出科技创新关键变量，狠抓技术减碳。实施关键技术创新突破工程，瞄准源头"零碳"，着力突破可再生能源制氢、工业副产氢纯化技术，探索"风光+氢储能"技术路径，全面提升储能技术在电源侧、电网侧、用户侧应用水平；瞄准过程"降碳"，推进基础材料升级、过程工艺革新、能量梯级回收、资源循环利用"零碳技术流程重塑"，破解工业生产过程减排难题；瞄准末端"捕碳"，推动实施火电机组十万吨级二氧化碳捕集与利用技术应用示范，通过工程放大和技术迭代，降低碳捕集成本。实施成果转化平台能级提升工程，高水平建设山东省绿色技术银行，提供绿色发展领域"技术+人才+资金"的系统性解决方案，探索可复制、可推广的绿色技术创新与发展的经验模式。研究谋划创建综合性国家级绿色技术交易中心，聚焦制约绿色低碳转型的技术短板和转化瓶颈，建立连接全球的绿色技术领域需求库、成果池、专家册、工具箱、政策包，开展交易成果展示、项目评估、交流对接、技术转移、产学研合作等全链条服务，打造黄河流域绿色低碳技术交易"主阵地"。实施绿色低碳技术推广提速工程，面向社会公开征集低碳技术，发布高碳行业"绿色低碳技术推广目录""各类型低碳技术及适用场景"。发挥科技创新发展资金引导作用，鼓励企业加大绿色技改投入，采用择优委托、"揭榜挂帅"等方式，推动项目、人才、资金一体化配置，集中破解技术推广难的问题。

第二，与数字化同行，狠抓智慧减碳。开展高碳行业"工业大脑"智能改造行动，建立碳管理平台，以大数据为核心，将云计算、人工智能融入绿色供应链体系建设，摸清供应链各个环节的"碳足迹"，实现全生命周期的碳排放度量、分析与控制。鼓励有条件的企业开展供应链全生命周期脱碳试点。例如，山东省淄博市东华水泥携手阿里云，率先在行业内上线运行"水泥工业大脑"，企业吨熟料标准煤耗下降18.46千克、综合电耗下降8.05度，质量稳定性提高28.48%。开展重点工业园区"能源管家"平台提升行动，借助工业互联网"双跨"平台，针对园区企业不同行业、产品、工艺的用能个性化需求，规划设计能源梯级利用方案，实现能源逐级利用和精细化管理。青岛市海尔卡奥斯智慧能源总控平台借助能源互联网技术赋能中德工业园，优化园区能源系统管控和调度，实现能源流、数据流、碳追溯流"三流合一"，年可减少碳排放3.37万吨。开展重点用能企业"碳画像"示范推广行动，借鉴浙江等地经验，率先在示范企业推行"能源碳效码"，依托能源大数据技术，把企业生产经营的用电、用气、用煤、用油等能耗数据转换成碳排放"画像"，设立"碳账户"，推行"碳评价"，实行"碳激励"。

第三，全过程优化升级，狠抓结构减碳。聚焦能源输入端，因地制宜地推动电力"源网荷储一体化"和多能互补发展，着力改变

"一煤独大"的能耗结构。抓住国家推进"源网荷储一体化"布局的契机,统筹各类电源规划、设计、建设、运营,建立区域能源互联网和微电网,特别是在工业负荷大、新能源条件好的地区,支持分布式电源开发建设和就近接入消纳。比如,山东省东营市、潍坊市、滨州市沿海滩涂盐碱地资源丰富,济宁市、枣庄市采煤塌陷区面积较大,可考虑谋划建设"风光储一体化"基地,构建本土化、区域化的可再生能源供应体系。聚焦过程消耗端,大力推进节能技改和产业升级,着力改变基础原材料占比高、产业链条短、排放量大的生产结构。高碳行业基础原材料生产环节碳排放高达7.1亿吨,占总排放量的89%,提升产业层次既是高质量发展的内在要求,也是节能减碳的重要抓手,必须瞄准产业链终端、价值链高端,加快从加工制造向研发设计、高端制造等环节跃升。滨州市魏桥集团积极布局打造从铝水到汽车车身全链条的轻量化产业基地,"铝水不落地"环节吨铝碳排放减少0.9吨,再生铝利用环节吨铝碳排放减少85%;滨州市西王特钢紧盯"双碳"战略调整产品结构,主攻高端稀土特钢新材料,吨钢碳排放由2.1吨降至1.8吨。聚焦固废利用端,大力发展循环经济,着力改变粗放低效的资源利用结构。突出减量化、再利用、资源化,打造高效的工业废料闭环回收体系,提升再生资源综合利用能力水平。滨州市鲁北企业集团创建了化工废弃物协同处理、钛硫磷钙锂联产及钛白粉清洁生产、海水梯级综合利用等多条高度相关的循环经济产业链,年减少碳排放30万吨以上。

第四,用好"无形之手",狠抓市场减碳。主动融入全国碳排放权交易市场,制定有关配套管理办法,加强碳排放配额分配管理,对纳入碳市场的重点行业控排企业实施严格的配额管控制度。健全完善重点企业温室气体排放数据报送平台,形成常态化的数据报送机制，构建省、市、企业互联互通的温室气体排放核算、报告、核查体系。尽快组建海洋碳汇交易平台，推动海洋碳汇交易纳入全国碳排放权交易市场，结合区域全面经济伙伴关系协定（RCEP）落地实施，探索开展"蓝碳"国际交易。加快建设用能权交易市场，统筹发挥好用能权交易与能耗双控、能耗指标收储、固定资产投资项目节能审查等制度的协同作用，加强与其他环境权益类交易的有效衔接，系统推进省级用能权交易市场建设。谋划建立能耗总量指标跨地区交易机制，向能耗强度降低进展顺利、能耗总量指标富裕的省（区、市）购买能耗指标，推动黄河流域9省（区）建立统一的用能权交易市场。探索实施产能指标收储交易，搭建省级产能指标交易平台，逐步加严能耗、碳排放、环境容量等标准，以市场化方式调配产能指标、促进产能整合，重点支持建设钢铁基地、炼化基地等重大生产力布局项目。

推动高碳行业绿色低碳高质量发展，是多重目标多重约束的综合平衡，是产业结构、生产方式的全方位深层次变革，需要务实的行动计划。首先要摸清底数算好账。摸清全省七大高碳行业碳排放及科技支撑低碳发展的现状，深入分析行业碳排放总量现状和趋势、峰值目标制定、达峰判定依据、达峰基础数据，分行业梳理低碳技术、碳捕捉技术、碳封存和二氧化碳再利用技术，建立碳排放重点企业清单。统筹考虑经济增长、能源安全、碳排放、居民生活"四个维度"，围绕能源消费总量、碳排放总量、能耗强度、碳排放强度"四项指标"，进行分年度、多情景下的碳达峰目标测算。其次要编制实施行动方案。在七大行业逐个编制并统筹实施《二氧化碳排放达峰行动计划》，对全省碳达峰目标和分行业目标进行综合平衡，提出分行业碳达峰顺序和碳减排的底线目标，切实做好碳达峰路径选择、重点举措、进度安排，并尽快启动碳排放峰值进程管理，从排放量增速、峰值幅度和达到峰值后减排路径等方面，形成峰值管理框架。系统做好碳达峰、碳中和的有机衔接。最后要开展多元试点示范。深入实施工业低碳行动和绿色制造工程。在现有低碳试点的基础上，开展"多点"的近零碳排放示范工程试点工作，打造一批引领区、示范区、先行区，培育一批绿色园区、绿色工厂、绿色产品、绿色供应链。试点在产业园区规划和建设项目环评中纳入碳排放评价，率先对"两高"项目开展碳排放影响评价，探索减污降碳、协同治理的有效路径。

## 第二节 重大战略导向下的山东省绿色金融需求

对于山东省而言，黄河流域生态保护和高质量发展战略是需要山东省在全国作出引领示范的重大战略。在落实黄河国家战略中，党中央要求发挥山东半岛城市群在黄河流域的龙头作用，其中生态保护、绿色高质量发展都是重点任务，而在金融领域能够聚焦生态保护和绿色发展的金融业态恰恰是绿色金融，因此，落实好黄河流域生态保护和高质量发展战略，必须大力发展绿色金融。

按照《山东省黄河流域生态保护和高质量发展规划》《中共山东省委关于深入学习贯彻习近平总书记重要讲话精神扎实推动黄河流域生态保护和高质量发展的决定》等政策精神，结合绿色金融对接的产业领域和项目特点，山东省在落实黄河国家战略中需要绿色金融支持的大概有以下几项内容。

从发展目标来看，山东省提出要全力打造生态保护样板区、全力打造黄河长久安澜示范带、全力打造绿色低碳发展先行区，这三个目标定位都需要绿色金融支持。具体来看，全力打造生态保护样板区，是指要坚决守住生态保护红线，全面优化沿黄生态空间布局，系统推进重点区域生态保护和修复、污染综合治理重大工程，提升黄河三角洲湿地生态系统完整性和稳定性，探索大江大河生态文明建设新路径。全力打造黄河长久安澜示范带，是指要把水资源作为最大刚性约束，精打细算用好水资源，从严从细管好水资源，聚焦"根治水患、防治干旱"，完善现代化防洪体系，推动节水型社会建设取得突破性进展，走好水安全有效保障、水资源高效利用、水生态明显改善的集约节约发展之路。全力打造绿色低碳发展先行区，是指要将碳达峰碳中和目标任务融入黄河流域生态保护和高质量发展全过程、各领域，推动生产生活方式全面绿色转型，加快推动新旧动能转换取得突破、塑成优势，打造具有强大辐射带动力的现代化国际化山东半岛城市群，走出一条绿色低碳高质量发展的新路子。

从具体项目来看，需要绿色金融支持的包括生态保护和高质量发展两大类。

生态保护方面主要包括六大工程。①黄河防洪减灾建设工程。以黄河干流、蓄滞洪区、支流河道为架构，强化综合性防洪减灾体系建设，全面提升水安全保障能力。开展"二级悬河"治理，推进东平湖蓄滞洪区建设，加强河口地区综合治理，实施病险水库水闸除险加固工程，构建安全可靠的水旱灾害防御体系。②城市防洪排涝体系建设工程。把全生命周期管理、韧性城市理念贯穿沿黄城市规划、建设、管理全过程，推进城市排水防涝工程建设，增强城市抵御洪涝灾害能力。系统化、全域化推进海绵城市建设，实施地铁、低洼社区等重点场所安全提升工程，对城市易涝积水区段实施精准预警、快速排险，构建生态、安全、可持续的城市水循环系统。③现代水网建设工程。针对性破解工程性缺水瓶颈,全面优化水资源调配体系。加强现代水网建设,论证实施全局性、支撑性重大水利工程,优化山东省境内干线工程布局。加强雨洪资源调蓄利用,完善再生水利用基础设施,创建国家再生水循环利用试点和黄河流域污水资源化利用示范城市,建设全国海水淡化及综合利用基地。④黄河三角洲保护修复工程。统筹推进湿地修复、生态补水和生物多样性保护,全面保护黄河三角洲湿地生态系统。实施黄河流域生态补水、入海口湿地生态保护修复等工程,推进退化区域和外来物种入侵区域生态修复、珍稀濒危野生动植物保护,划定陆海全梯度植物封育区,加大珍稀濒危鸟类保护力度,依法有序退出河口区域油田开采,开展黄河三角洲海域"蓝色海湾"整治行动,高质量创建黄河口国家公园。⑤沿黄区域生态保护水平提升工程。一体化推进山水林田湖草沙保护治理,筑牢黄河下游生态安全保障防线。加强黄河滩区水源和优质土地保护修复,打造沿黄百里绿色长廊。加强大汶河水资源超载区治理,实施河湖连通工程,保障东平湖生态用水。⑥城乡生活污染治理水平提升工程。加快老旧小区和棚户区改造,实施城市雨污合流管网、黑臭水体"两个清零"工程和污水处理厂提标改造工程。实施农村人居环境整治提升行动,深入推进农村清洁取暖、厕所革命、垃圾处理、污水治理、绿化美化攻坚行动,建设美丽宜居村庄。

高质量发展方面主要聚焦两大领域。①新型城镇化建设工程。建立大中小城市和小城镇协调发展的城镇体系,提高智慧化、绿色化、均衡化、双向化建设水平。完善城乡数字治理,丰富拓展智慧交通、教育、医疗等数字服务应用场景。实施城市更新行动,大力发展绿色出行和绿色节能建筑。②推动产业绿色化高端化发展。坚持"腾笼换鸟、凤凰涅槃",深入推进新旧动能转换,坚定不移落实"三个坚决"①，壮大"十强"现代优势产业集群②，实施产业链、供应链强链补链行动，加快优化产业生态，大力培育"领航型"企业和"专精特新"中小企业梯队，打造世界先进制造基地、全球海洋经济中心、未来产业发展高地和农业现代化示范省。坚持"四个区分"③，执行"五个减量替代"④，严控"两高"项目盲目上马，有序调整能源生产和消费结构。

## 第三节 "双碳"背景下山东省绿色低碳投资需求分析

绿色低碳投资需求的测算需要考虑很多方面，并有许多复杂的不确定因素，由于数据获取的质量不一、统计口径不一，包括很多知名高校、金融机构给出的测算值都相差很大。本书在绿色投资模型量化和路径分析上，基于国家和山东省官方发布数据、国内外公开发表的研究文献，以及专家判断和地方调研，在对山东省整体经济发展情况，工业、交通、建筑、农林和电力等重点部门的能源消费，碳排放影响因素的分析和日常发展趋势的判断基础上，构建基于EPS模型的山东省中长期能源消费和碳排放分析模型，研究在山东省各部门实施不同的绿色低碳转型政策力度下的山东能源消费和碳排放

---

① "三个坚决"是指坚决淘汰落后动能，坚决改造提升传统动能，坚决培育壮大新动能。
② "十强"现代优势产业集群是指新一代信息技术、高端装备、新能源新材料、现代海洋、医养健康5大新兴产业和高端化工、现代高效农业、文化创意、精品旅游、现代金融服务5大优势产业。
③ "四个区分"是指区分"两高"项目与"非两高"项目、行业上游与中下游、技术改造与新建、不同时间节点。
④ "五个减量替代"是指产能、煤耗、能耗、碳排放、污染物排放减量替代制度。

趋势，进而测算"双碳"背景下全省的绿色低碳投资需求。

## 一 绿色投资的概念界定

在估算绿色投资前，首先要对绿色投资的定义进行明确。绿色投资是指将提升企业环境绩效、促进绿色产业发展及降低环境风险作为目标，运用系统性绿色投资策略，对能够产生环境效益、降低环境成本与风险或直接从事环保产业的企业或项目进行投资的行为。实现山东省绿色低碳转型的绿色投资需求大致由两个部分构成：低碳投资和环保投资。投资需求涵盖范围是与绿色相关的建造、安装和设备购买的支出，不包括运行维护支出及燃料成本。

按照国家统计局和生态环境部的统计口径，低碳投资是指能源供应及工业、建筑、交通等终端能源部门与提升能效、推广清洁能源利用、提高资源利用效率、减少温室气体排放等活动相关的建造、安装和设备器具购置的支出。同时，低碳投资还包括在碳汇和森林资源培育领域的资本支出。环保投资是指环境污染治理投资，可以进一步细分为城市环境基础设施建设投资（如燃气、集中供热、排水、园林绿化、市容环境卫生等）、工业污染源治理投资（如治理废水、治理废气、治理固体废物、治理噪声、治理其他等）和当年完成环保验收项目环保投资（具体如表2-1所示）。

表2-1　　　　　　　　　　绿色投资分类表

| 一级分类 | 二级分类 | 三级分类 |
| --- | --- | --- |
| 低碳投资 | 电力 | 煤电清洁减量开发 |
| | | 发展可再生能源 |
| | | CCS技术 |
| | 低碳交通 | 道路交通电动化 |
| | | 提高交通工具效率 |

续表

| 一级分类 | 二级分类 | 三级分类 |
| --- | --- | --- |
| 低碳投资 | 低碳交通 | 高效基础设施和城市规划 |
| | | 绿色氢能交通试点 |
| | 绿色建筑 | 既有建筑节能改造 |
| | | 新建建筑能效提高 |
| | | 净零排放建筑 |
| | 低碳工业 | 工业能效提升 |
| | | 淘汰落后产能 |
| | | 工业燃料替代 |
| | | 工业零碳零废行动 |
| | 林业投资 | 生态建设与保护 |
| | | 林业支撑与保障 |
| 环保投资 | 环境污染治理投资 | 工业污染源治理投资 |
| | | 城镇环境基础设施建设投资 |
| | | 当年完成环保验收项目环保投资 |

资料来源：笔者根据国家统计局和生态环境部标准整理。

## 二 绿色投资需求测算方法

我们借鉴中国金融学会绿色金融专业委员会马骏团队的分析方法，对山东省2021—2030年、2030—2060年模型口径的绿色投资需求进行估算，主要基于"自上而下"和"自下而上"两种模式，以互补及校验的方式共同支撑对山东绿色投资需求的测度体系。"自上而下"方法主要基于历史经验和文献数据估算山东总体绿色投资需求规模。"自下而上"方法基于EPS工具、行业投资实践和专家判断，对总体需求规模和重要行业措施实施所需投资规模进行估算。对环保投资和低碳投资需求的估算采用两种不同方式，环保投资基于统计数据和文献研究进行趋势外推，低碳投资采用文献研究和模型工具相结合的方法估算而得。

第二章 "双碳"背景下山东省发展绿色金融的必要性分析

本书中研究模型工具主要采用由国家应对气候变化战略研究和国际合作中心（National Center for Climate Change Strategy and International Cooperation，NCSC）及美国能源创新（Energy Innovation，EI）联合研究开发的"能源政策模拟"（Energy Policy Simulator，EPS）模型。EPS模型是以系统动力学为理论基础的，将能源消费过程和经济活动看作一个开放、处于不断变化和非均衡的系统。EPS模型包括五个经济部门，即电力、工业、交通、建筑和供热（其中工业除了包括传统的工业行业，还包括了农业和废弃物利用行业），并考虑了碳捕集和封存，以及土地利用变化。EPS模型覆盖《京都议定书》规定的六种温室气体排放（$CO_2^e$），分别为：二氧化碳（$CO_2$）、甲烷（$CH_4$）、含氟气体（HFCs、PFCs、$SF_6$）和一氧化二氮（$N_2O$）。EPS模型将建筑、工业和交通行业电力和热力消费的碳排放统一计入电力和热力行业中，建筑、工业和交通部门排放为直接排放（其框架如图2-1所示）。

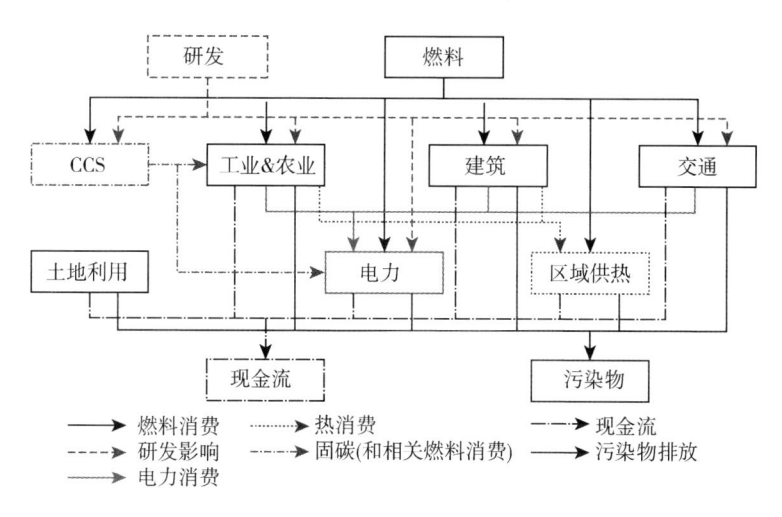

图2-1 能源政策模拟模型框架

EPS模型作为一个政策模拟评估工具，可用于分析气候和能源政策的温室气体减排效果、评估相应投资需求和大气污染防治协同效应。EPS 模型以官方公开发布数据为基础，可以对数百项能源与气候政策效果及其相互协同作用进行评估，并且可以设定任何政策的实施时间表（例如，某项政策可以在起始年份立即实施，也可以在整个模型运行过程中分阶段实施），该模型支持多项指标输出，包括 12 种温室气体和大气污染物排放，分行业分能源品种（煤炭、石油、天然气等）的能源消费量、不同电源装机容量及发电量、资本设备与运行维护支出变化等。

## 三 "双碳"背景下山东省绿色投资需求分析

在对山东省绿色投资现状和计划规划进行调研的基础上，我们发现模型口径的绿色投资与绿色金融口径有一定区别。为了满足绿色金融监管部门和金融机构的规划及业务发展需求，我们研究得出两种口径的转换方法，并以模型口径的投资需求为目标，得出绿色金融口径的绿色投资需求数据。

一是对生态环保部分的投资需求估算。采用"自上而下"的方法，主要对山东省在 2011—2021 年的环境污染治理和林业投资数据进行收集和整理，获得生态环保投资占当年 GDP 的比重，采用简单移动平均法和借用历史发生的最高比例，估算参考情景、达峰情景和近零情景 2021—2030 年的年均绿色投资占当期 GDP 的比重，进而估算山东省整体及关键领域生态环保投资的需求规模。

二是对低碳部分的投资需求估算。考虑到不同于环境污染治理和林业投资，山东省低碳领域缺乏公开和系统的历史投资数据。对于低碳部分的投资需求预测，采用"自上而下"和"自下而上"两种方法，以互补及校验的方式共同支撑对山东低碳投资需求的估算。

"自上而下"方法是依据国际能源署（IEA）的《世界能源展

望2017》报告对中国2020—2040年能源系统的低碳转型投资需求预测，按照一定比例调整为山东省低碳领域的总体投资需求规模。《世界能源展望2017》报告对我国2017—2040年新政策情景（NPS）和2030年可持续发展议程情景（SDG）两个情景的低碳投资需求，进行了较为系统和全面的估算。本书中山东省达峰情景和近零情景的情景设置基本与IEA的新政策情景（NPS）和2030年可持续发展议程情景（SDG）相对应。因此，基于《世界能源展望2017》报告数据对山东省低碳投资需求进行推算。先将IEA估算数据转换为2018年人民币不变价，再采用山东省电力、工业、建筑、交通等关键部门的固定资产投资占全国固定资产投资的比例作为调整系数，估算山东省达峰情景和近零情景山东低碳投资需求规模。估算结果是达峰情景和近零情景下，山东省低碳投资需求累计分别约为2.2万亿元和11.7万亿元，年均投资约为2200亿元和3900亿元。

"自下而上"方法是在综合EPS模型工具、国家和山东省行业投资实践，以及对未来政策与技术发展的专家判断的基础上，对总体需求规模和重要行业措施实施所需投资规模进行估算。EPS模型以系统动力学为分析框架。系统动力学的理论基础是反馈控制理论，其研究问题的出发点是动态性质和反馈结构，因此非常适用于模拟政策影响后果和系统响应行为。EPS模型针对不同部门的投资问题进行系统仿真，设定了不同的因果回路图和存量流量图。

与"自上而下"基于IEA报告估算相比，基于EPS模型"自下而上"方法估算的山东省2021—2030年、2030—2060年的低碳累计投资需求略高，这主要与两个方法所估算的投资范围稍有差别有关，如《世界能源展望2017》报告估算的电力低碳投资不包括电网和储能部分，但EPS模型涵盖此部分内容。

三是对绿色金融口径的绿色投资需求估算。首先，绿色金融口径的山东省绿色投资需求根据模型测算的投资需求转换，转换系数可通过研究现行绿色金融统计数据获得；其次，根据山东省绿色金融发展现状，包括各类金融工具的市场份额、期限特点和发展潜力等，可以进一步提出山东省绿色金融发展目标；最后，基于山东省绿色投资总需求、绿色金融发展现状、绿色金融发展目标，可进行详细的绿色投资需求预测。

## 四 模型口径的绿色投资需求预测

由于以模型估算的投资需求口径与一般理解的绿色投资统计口径有较大不同，为了满足绿色投融资监管部门和金融机构的规划与业务发展需求，本书将按模型口径估算的绿色投资需求转换为本书定义的绿色投资融口径数据（除非特别表明，本书所称的"绿色投资需求"是指报告口径的绿色投资需求）。报告口径的绿色投资需求包括来自绿色金融渠道的融资（包括当年绿色信贷投放额、绿色保险资金投资额、绿色债券发行额、绿色基金投资额、绿色企业上市融资和增发融资的规模总计），以及公共财政提供的绿色投资和企业以自身盈利进行的再投资；绿色金融投资的界定范围参照国家发展改革委《绿色产业指导目录（2019年版）》和以此为基础的绿色贷款、绿色债券等绿色金融标准；财政出资的绿色投资的界定范围参照山东省财政厅公布的节能环保公共财政支出口径确定。

经过对两种口径的比较研究，我们发现模型口径与报告口径之间有如下主要区别：第一，模型口径覆盖的范围是基于能源系统和温室气体减排技术环节确定的，涉及实体经济系统各个方面，但细分度较低，所包括的子行业和项目类别较少，而报告口径则包括了更为详尽的六大产业二百余小类绿色项目。以工业节能相关投资为例，模型口径仅考虑节能改造、设备更新等，而报告口径则另含高效节能、先进环保装备制造等。以交通电动化相关投资为例，模型口径仅考虑了新能源交通工具替代传统交通工具的投资差异，以及新能源交通基础设施（充电、加氢）投资等，而报告口径则另含新能源交通工具制造投资。第二，即使在两种口径都覆盖的行业，模型口径只覆盖与绿色相关的建造、安装和设备购买的支出，不包括运行维护支出以及燃料成本。而报告口径则覆盖模型口径下的项目以及企业运营管理和燃料成本等投资支出。第三，模型口径下的统计强调可以产生"绿色额外性"的投资需求（如绿色建筑的节能减排部分的成本、新能源交通工具与传统能源交通工具的成本差别），而报告口径的统计则在许多行业涵盖绿色项目的全部成本。

# 第三章 "双碳"背景下山东省绿色金融发展现状及存在的问题

本章站在金融监管部门的角度,对山东省绿色金融整体的发展情况进行分析,梳理全省绿色信贷、绿色保险、绿色债券、绿色基金的发展现状和创新实践,以及绿色金融支持实体经济、服务国家战略的最新举措,同时指出山东绿色金融发展存在的一些短板弱项。

## 第一节 绿色金融总体发展现状

近年来山东省绿色金融发展迅速,在绿色贷款总量、绿色金融产品创新、绿色金融服务重大战略、绿色金融改革创新试验区建设等方面卓有成效,绿色金融已经成为山东推进生态文明建设和绿色发展的有效措施之一。

### 一 绿色贷款规模持续提升

目前,中国人民银行关于绿色贷款的统计是按照贷款用途划分的,分为节能环保产业、清洁生产产业、清洁能源产业、生态环境产业、基础设施绿色升级、绿色服务六大门类。截至2021年末，山东省绿色贷款余额达到7979.2亿元，同比增长48.7%，高于全国绿色贷款增速15.7个百分点，高于山东省全部贷款增速35.3个百分点。具体如表3-1所示。

表3-1　　　　2021年末山东省绿色贷款资产质量情况　　单位：亿元，%

| 项目 | 不良贷款余额 | 不良率 |
| --- | --- | --- |
| 单位贷款 | 29.18 | 0.37 |
| 其中：节能环保产业贷款 | 5.16 | 0.59 |
| 清洁生产产业贷款 | 5.12 | 2.21 |
| 清洁能源产业贷款 | 14.68 | 0.83 |
| 生态环境产业贷款 | 2.45 | 0.15 |
| 基础设施绿色升级贷款 | 1.76 | 0.05 |
| 绿色服务贷款 | 0.03 | 0.12 |
| 个人贷款 | 0.35 | 0.58 |

资料来源：中国银行保险监督管理委员会山东监管局提供。

## 二　绿色金融服务持续拓展

自2021年以来，山东省地方金融监督管理局会同中国人民银行济南分行、山东省发展改革委等部门，先后出台了《关于推动碳减排支持工具落地见效助力山东省绿色低碳转型的若干措施》《关于建立碳金融重点项目库搭建政银企服协作推进平台的通知》等文件，提出将有意愿的碳减排重点领域企业、碳金融重点项目库入库企业纳入金融辅导范围。此外，山东省地方金融监督管理局与山东省生态环境厅合作，将接受生态环保产业统计调查的环保企业纳入了金融辅导范围。大力推动符合条件的绿色、生态领域企业在境内外资本市场上市、发债融资。初步统计，自2021年第四季度以来，山东省新增绿色、生态领域上市公司 2 家;山东省企业发行绿色债券 7 只,募集资金达 41.1 亿元。具体如表 3-2 所示。

表 3-2　　　2018—2021 年山东省绿色债券分类统计情况

单位:只,亿元,%

| 债券类别 | 债券数量 | 债券金额 | 债券金额占比 |
| --- | --- | --- | --- |
| 短期融资券 | 3 | 16.50 | 3.29 |
| 公司债 | 21 | 174.00 | 34.72 |
| 金融债 | 2 | 60.00 | 11.97 |
| 企业债 | 13 | 162.00 | 32.33 |
| 中期票据 | 9 | 70.60 | 14.09 |
| 资产支持证券 | 2 | 18.00 | 3.60 |
| 总计 | 50 | 501.10 | 100.00 |

资料来源:中国证券监督管理委员会山东监管局提供。

## 三　绿色金融改革创新试验区建设持续推进

山东省地方金融监督管理局指导威海市立足区域特色,深入推进国家级绿色金融改革创新试验区申创工作。2019 年,《山东省威海市绿色金融改革创新试验区总体方案》经省政府上报至国务院并批转至中国人民银行总行。按照中国人民银行总行要求,山东省地方金融监督管理局会同中国人民银行济南分行指导威海市按"边申报边实践"原则,持续完善试验区总体方案,努力夯实创建基础。同时,推动省内的威海市荣成市(县级市)、临沂市罗庄区、淄博市博山区 3 个县(市、区)创建省级绿色金融改革创新试验区工作。

## 四　绿色金融研究持续深入

2021 年 7 月,中国农业银行总行在山东省设立绿色金融研究院，并协调中国农业银行总行资源，围绕金融支持生态农业高质量发展、生态产品价值实现、高碳行业绿色转型、黄河下游水资源高效利用等领域，开展了课题研究工作，为政府和企业决策提供咨询服务。

## 第二节 绿色金融改革创新发展现状

近年来，中国人民银行济南分行在"三大功能""五大支柱"政策框架下，积极配合推进全省新旧动能转换和经济高质量发展，将绿色金融作为"贯彻新发展理念、服务构建新发展格局"的重点金融工作任务，加大探索力度，各项工作取得积极进展。

### 一　有效释放货币政策工具政策红利

从组织保障、部门协调、银企对接、监测宣传等方面，做好碳减排支持工具落地支持。中国人民银行济南分行及时传达政策精神，加强调研沟通，联合山东省发展改革委、山东省生态环境厅、山东省工信厅、山东省科技厅、山东省能源局、山东省地方金融监管局、山东银保监局出台《关于用足用好碳减排支持工具推动山东省绿色低碳发展的通知》《关于推动碳减排支持工具落地见效助力山东省绿色低碳转型的若干措施》《关于建立碳金融重点项目库搭建政银企服协作推进平台的通知》等专项政策，推动金融机构与政府行业主管部门签订战略合作协议，探索建立碳减排账户体系。中国人民银行济南分行对山东省21家全国性银行省级管辖行的调度数据显示，截至2021年末，山东省79.8亿元碳减排贷款获得首批碳减排支持工具资金，支持项目74个，带动碳减排约146.5万吨；

碳减排贷款支持企业数量全国第一、金额全国第四。积极发挥再贷款再贴现减碳引导功能，中国人民银行济南分行专设150亿元再贷款再贴现减碳引导额度，并会同山东省生态环境厅印发《山东省再贴现减碳引导管理办法》，专项支持金融机构绿色低碳领域优惠利率贷款投放。

## 二 探索开展气候风险压力测试

全面摸清全省产业结构，特别是高碳行业及其上下游行业工业增加值及增速，从省、市、县三个层面梳理了政府部门已经出台的或拟出台的碳达峰碳中和相关规划，初步建立了原油加工、造纸、化工、有色金属、平板玻璃、航空、炼焦7个行业的二氧化碳排放量计算模型，明确了碳达峰碳中和过程中面临的4类转型风险。根据压力测试结果，有针对性地对金融机构进行督导，引导金融机构切实增强气候及环境风险的管理能力。

## 三 推进转型金融与绿色金融协同发展

中国人民银行济南分行联合山东省发展改革委等部门，商讨确定支持煤电企业的一揽子工作措施，认真落实省政府办公厅《关于支持煤电企业运营及做好能源保供工作的通知》，组织金融机构针对煤电企业提出的融资清单进行精准对接。引导金融机构完整准确全面贯彻新发展理念，处理好短期和中长期的关系，发挥绿色金融增量效应而非替代效应，对煤电、煤炭行业给予合理保障，积极做好大型风电、光伏项目基地调研和融资对接工作，加大对绿色低碳重点领域的金融支持。

## 四 有序开展金融机构环境信息披露

中国人民银行济南分行指导威海市荣成农商行公开发布《环境

信息披露报告》，成为山东省首家开展环境信息披露的法人机构；中国人民银行济南分行联合山东省生态环境厅等部门出台《关于金融支持生态环境保护和生态环保产业发展的若干措施》，建立完善动态更新的全省绿色企业（项目）库，定期向金融机构推送融资需求，解决碳信息分散于不同部门的问题；指导山东中和碳排放服务中心有限公司，依托物联网等手段探索建立"区域碳账本、企业碳账户、个人碳积分"系统。

## 五 积极创建国家绿色金融改革创新试验区

中国人民银行济南分行指导威海市在全国率先开展海洋金融的标准化工作，积极推动海洋碳汇方法学与金融实践活动相结合。目前，中国人民银行济南分行已指导荣成农商行成功应用海洋碳汇方法学开展业务创新；指导威海商行采纳"赤道银行"原则，对标国际绿色金融原则标准进行绿色改造，成为山东省首家"赤道银行"；健全市场化海洋生态保护补偿机制，通过设立绿色基金、政府和社会资本合作（PPP）等方式，引导社会资本积极参与海洋产业绿色发展，促进海洋生态产品价值的实现。

## 第三节 绿色信贷和绿色保险发展现状

近年来，作为绿色信贷和绿色保险的监管部门，山东银保监局积极践行中国银保监会和山东省委、省政府的相关政策，督促辖区银行机构将发展绿色金融作为支持山东省实施新旧动能转换、服务实体经济的重要举措，树立绿色发展理念，大力发展绿色信贷和绿色保险。

## 一 树牢绿色金融理念

2021年,《山东银保监局关于印发〈推进辖区银行业保险业服务黄河流域生态保护和高质量发展指导意见〉的通知》,明确发展绿色金融,完善绿色金融管理机制,助力实现"双碳"任务的目标。通过召开绿色金融专题会议、窗口指导、现场督导、开展专项通报等方式,加强对全省银行保险机构绿色金融政策传导。全省银行保险机构发展绿色金融的内生动力得到增强,全国性银行分支机构健全专项工作机制,集中资源力量统筹推动本行绿色金融发展,如中国农业银行将总行绿色金融研究院落户山东,并在山东设立首个绿色金融创新实验室。地方中小法人机构主动将绿色金融纳入本行发展战略,明确绿色金融发展规划,健全绿色金融管理制度和工作流程,夯实绿色金融发展基础。

## 二 大力发展绿色信贷

山东银保监局将发展绿色金融和落实山东省"四减四增"工作方案、黄河流域生态保护与高质量发展工作密切结合,切实加大对重大项目的金融支持和保障,实施差别化信贷政策,加大对战略性新兴产业、文化产业、生产性服务业、工业转型升级等重点领域的支持力度,主动引导和支持山东经济向绿色、低碳、循环经济转型。截至2021年12月末,全省绿色融资合计5895.97亿元,较年初增加1903.54亿元,增速为47.68%,高于全省各项贷款增速34.47个百分点。全省绿色融资实现节约标准煤1312.95万吨、二氧化碳当量7650.6万吨,节约用水2.32亿吨,节能减排效果显著。

## 三 提升绿色信贷产品创新能力

山东银保监局指导全省银行保险机构建立有利于绿色金融创新

发展的工作机制，在有效控制风险和商业可持续的前提下，推动绿色金融流程、产品和服务创新，建立绿色信贷绩效考核体系，切实保障绿色信贷政策落地见效。全省商业银行持续完善对绿色信贷业务的全流程管理，综合考虑授信客户及项目市场前景、政策补偿、风险状况等因素，加强授信机制、业务流程、产品开发等领域的创新，结合自身特点和山东区域实际开发特色金融产品和服务，推出建筑节能贷款、合同能源保理、未来收益权质押融资等绿色金融产品，丰富抵质押品，并依托短期融资券、中期票据、金融租赁等一揽子金融工具对接绿色信贷需求。积极尝试依托碳市场发展碳金融，提升绿色金融服务能力。

## 四 持续强化绿色保险保障

山东银保监局与山东省生态环境厅、山东省地方金融监督管理局联合印发《山东省实施企业环境污染责任保险管理办法》，推动环境高风险企业投保环责险，鼓励其他企业自愿投保环责险。2021年，全省环境污染责任保险累计签单达820笔，保费收入为1683万元，同比分别增长73%和13%。涉及石油天然气开采、化工、污水处理、有色金属冶炼、固体废物处置、火电、制药、机械制造业、造纸和纸制品等行业，为相关企业提供16.87亿元的风险保障，同比增长37%。除了发挥传统的风险转嫁、经济补偿职能，还通过多种方式为企业提供事前及运营中的风险防范、整改建议等风险管理服务，提升企业的环境风险管理，降低环境事故发生的概率。

## 五 督促防范环境和社会风险

山东银保监局持续完善信息共享机制，注重加强与环保等部门的沟通联系，定期收集整理环境保护违法违规企业信息并发送银行业机构，组织开展风险排查，及时进行风险提示。全省银行业机构将环境和社会风险评价纳入信贷管理全流程，采取限额管控、环保一票否决等方式，积极防范环境和社会风险。

## 第四节  绿色债券和绿色基金发展现状

从绿色债券整体规模来看，截至2022年2月底，山东省绿色公司债累计发行23只，累计发行规模达181亿元，在北京市（640.9亿元）、湖北省（397亿元）、浙江省（298.5亿元）、广东省（211亿元）、江苏省（193.26亿元）之后，居全国第6位。

从绿色公司债券发行规模来看，山东省规模虽位于前列，但较之于北京、湖北、浙江等省份，仍存在较大的差距。其中，北京市绿色债券发行规模较大，是由于其作为首都，众多国有能源电力企业的总部均位于北京，而这些能源巨头在政策发布后，积极参与绿色债券市场，如国家能源投资集团和首都机场集团2021年发行的"GC国能01""GC机场01"，募集资金规模达50亿元和30亿元。湖北省发行规模较大则是由于中国长江三峡集团总部位于武汉，其发行量计入了湖北省。而浙江省的发行主体较多，情况与山东省类似，发行人分散在各地市，且以城建类企业为主，从用途上来看，浙江省的发行人较多将募集资金用于绿色交通、生态旅游等项目建设；从政策上来看，浙江省衢州市、湖州市均出台了对绿色债券的补贴政策，以上两点使浙江省的绿色债券发行保持了较大的规模，其经验值得山东省借鉴学习。

就"贴标"碳中和的绿色公司债券发行情况来看，截至2022年3月，山东省尚未发行碳中和绿色公司债券，与北京市、广东省、江苏省、上海市等省份存在较大的差距。其中,北京市发行规模较大的主要原因与绿色公司债类似,系国内大型能源企业驻地均在北京市;而广东省、江苏省、上海市则由于城镇化发展水平高,有较多的碳中和项目符合申报要求,故目前阶段发行量较大。此外,根据上交所网站信息,临沂投资发展集团有限公司、临沂市财金投资集团有限公司均已成功发行了碳中和债券。未来随着山东省城镇化水平及新能源产业规划的逐步落地,将会有更多的项目符合碳中和债券的要求。

在绿色基金方面,2017年6月,山东发展投资控股集团有限公司出资设立山东省绿色发展基金管理有限公司,利用亚洲开发银行及联合融资资金发起设立,支持应对于气候变化和山东省绿色低碳产业转型的项目,按照计划总规模将达100亿元,一期规模为7亿元,成为全国首只在省级层面利用国际金融组织贷款设立的绿色基金。2021年7月,山东省青岛市成立"100亿碳中和产业股权投资基金",由青松资本和青岛市城阳区政府发起。2022年1月,山东省新动能基金管理有限公司牵头发起设立山东省土壤污染防治基金。山东省财政厅统计,政府引导基金引导社会资本聚焦双碳目标,截至2021年底已累计投资151个项目、规模达163亿元。

山东证监局统计,截至2021年底,山东辖区(不含青岛)有46家基金管理人开展环保领域相关投资,投资环保领域项目62个,累计投资规模达32.76亿元。典型案例如山东发展投资控股集团有限公司出资设立山东省山发绿色私募(投资)基金管理有限公司,山东融鑫投资股份有限公司、山东多盈股权投资管理有限公司分别设立山东融鑫绿色循环私募投资基金、山东多盈节能环保产业创业投资有限公司等绿色基金公司,部分管理人投资的济南恒誉环保项目已在科创板上市。

## 第五节 绿色金融服务实体经济的创新实践

2022年春节后上班第一天,山东省召开全省工作动员大会,提出"十大创新"行动,其中之一是加强要素保障创新,而金融创新又被视为要素创新的关键一招。山东省围绕重大战略、重点产业加大金融支持力度,特别是针对黄河流域生态保护、节能环保产业,不断强化绿色金融创新支持,取得了显著成效。

### 一 绿色金融服务黄河国家战略

近年来,山东省内金融机构认真贯彻落实习近平总书记在深入推动黄河流域生态保护和高质量发展座谈会上的重要讲话精神以及视察山东的重要指示要求,积极发挥绿色金融对推动黄河流域生态保护和高质量发展的重要作用,围绕生态保护修复、环境污染综合治理、水资源集约节约利用等重点领域,加大金融支持力度。

一是着力支持防洪减灾,助力打造黄河长久安澜示范带。服务保障黄河长治久安、精准对接山东省"十四五"水利发展规划,重点支持黄河干流、蓄滞洪区、支流河道综合性防洪减灾体系建设,围绕薄弱堤防治理、"二级悬河"治理、河道和滩区综合提升治理、蓄滞洪区建设、病险水库水闸除险加固、城市排水防涝工程等建设项目,积极对接承建方、分包商、建材供应商及上下游中小微企业,在法律和政策范围内,做好配套资金支持,扩大服务覆盖面。助力水沙调控,强化对沉沙池区泥沙处理经营业户改造升级设备的信贷支持,完善自然灾害金融应急管理机制,增强极端天气、洪水等突发事件的应急处置和金融服务保障能力。

## 第三章 "双碳"背景下山东省绿色金融发展现状及存在的问题

二是认真践行"四水四定"原则，深入支持水资源集约节约利用。重点支持农业节水灌溉，助力打造高效节水灌溉体系，对积极参与田间节水设施建设和大中型灌区续建配套与现代化改造的上下游中小微企业，以及主动运用喷灌、微灌和水肥一体化技术的涉农经营主体，按照"宜企则企""宜户则户"原则开展精准信贷供给，鼓励将农业用水精准补贴和节水奖励资金纳入还款来源，着力推进农田水利未来收益权质押贷款。积极支持工业节水增效，助力高耗水行业节水改造和节木型企业建设，创新"水权质押贷""节水贷"，支持企业加大用水计量和节水技术改造力度，开展工业废水资源化利用，以及海水淡化和综合利用，加强对节水产品、材料和装备等研发生产企业和节水服务企业的对接走访，扩大"应收账款质押贷"投放。促进合同节水管理发展，积极对接水利、财政等部门，争取节水项目小额贷款贴息试点政策，降低企业节水改造成本、严控新增高耗水行业贷款，存量贷款稳步有序退出，有效支持生活节水转型。

三是围绕打造生态保护样板区，强化服务黄河下游绿色生态廊道建设。精准支持黄河三角洲保护修复，以助力"高水平创建黄河口国家公园"为主线，在坚守市场定位的前提下，做好对湿地修复、生态补水和生物多样性保护等项目的配套金融服务，加强对项目上下游中小微企业信贷支持。开展与黄河三角洲农业高新技术产业示范区战略合作，加大对耐盐碱粮种苗木选育、盐碱地改良治理等盐碱农业技术创新的贷款投放力度。加大支持沿黄区域生态保护。创新推动将碳排放权、排污权及特许经营收费权等纳入抵质押担保范围，将中央与省级生态补偿资金，各种专项经管权收益合规纳入还款来源，重点支持两岸防护林、自然保护地、滩区生态建设等生态廊道项目，以及泰沂山区、东平湖、南四湖、大汶河、大运河、小清河等重点区域生态保护修复项目，满足项目上下游中小微企业资金周转需求。全面支持环境污染综合治理，加强对接生态环境，农业农村、工信、住建等部门，围绕农业清洁生产和废弃物综合利用，小微企业节能减排、环保改造和搬迁入园，以及市场化运作的城镇污水处理、垃圾收运处置和农村清洁取暖、厕所革命、绿化美化等项目，做好固定资产贷款和中长期贷款支持，创新开展污水处理收费权质押融资。严控新增"两高一剩"项目融资，加强对钢铁、地炼、焦化、煤电、水泥、轮胎、煤炭、化工等行业客户核准审查，不得违规为环保排放不达标、严重污染环境且整改无望的落后企业提供授信；对环境信用评价为蓝色、黄色、黑色等级的企业，在其环境信用修复之前，暂停新增贷款，并前瞻性地做好存量授信压缩退出和资产保全措施。

四是大力支持产业生态优化，扎实推进绿色低碳转型发展。积极助推产业转型升级。立足产业、环保等政策要求，聚焦山东沿黄县（市、区）及各地传统优势产业，全面做好融资服务，加大对技术改造和设备升级等绿色贷款投放，助推"万项技改，万企转型"，按照市场化、法治化原则，配合有关部门深化"僵尸企业"处置工作成效，有序退出存量融资。持续做好能源安全保供，积极对接山东省能源发展"十四五"规划，对居民生活保障、重点项目施工及其他事关重要国计民生的能源供应企业，实施名单制管理，对短期偿付压力较大但符合支持条件的企业，鼓励发放中长期流动资金贷款。对符合条件的煤电、煤炭企业给予合理信贷支持，不盲目抽贷、断贷。对煤炭清洁高效利用、先进储能、现代智能电网、氢能等领域，适当增加中长期信贷资金投入，因地制宜支持风电、光伏发电、生物质发电等可再生能源的高效开发利用，促进能源结构优化调整。

## 二 绿色金融支持生态环境保护与生态环保产业

绿色金融是深入打好污染防治攻坚战，推进碳达峰碳中和目标的重要基础保障，是生态环境保护工作和生态环保产业发展的重要支撑。"十四五"时期，山东省生态环境治理任务繁重，生态环境治理资金需求巨大，受财力限制仅靠政府投资难以完成，市场化融资十分关键。山东省不断创新思路、多措并举，统筹中央和省级财政资金，鼓励引导社会资本参与，大力发挥绿色金融作用，有力地推进了生态环保事业发展。

一是深化政银企合作，推动生态环境治理项目融资。政银企共同推进生态环保重大工程项目融资，是深入践行习近平生态文明思想的实际行动，是促进经济社会发展全面绿色转型的重要举措，必将为生态环境区域治理、山水林田湖草沙系统治理探索新的路径，为深入打好污染防治攻坚战提供重要保障，对于统筹推进全省经济社会高质量发展和生态环境高水平保护意义重大。

自 2020 年以来，中国人民银行济南分行、山东省生态环境厅等部门先后联合印发《关于发展绿色金融服务生态文明建设和高质量绿色发展的实施意见》《关于金融支持生态环境保护和生态环保产业发展的若干措施》《山东省再贴现减碳引导管理办法》《关于支持开展碳排放权抵质押贷款的意见》等系列文件，充分发挥绿色金融推动经济绿色转型发展的积极作用，文件明确提出要加大绿色金融支持力度，建立省环保金融项目库，将省环保金融项目库入库项目定期推送给金融机构，作为绿色融资主体贷款授信和享受政策优惠的重要依据。中国人民银行济南分行设立 100 亿元再贷款专项额度和 50 亿元再贴现专项额度，重点支持碳减排和生态环境治理。其中，《关于金融支持生态环境保护和生态环保产业发展的若干措施》是全国首个专门针对生态环保领域出台的省级金融支持政策。

2021年8月，山东省生态环境厅与国家开发银行山东省分行、山东发展投资控股集团有限公司在济南共同签署了《深入打好污染防治攻坚战共同推进生态环保重大工程项目融资战略合作框架协议》，国家开发银行山东省分行将通过提供贷款、投资、债券等各类产品相结合的综合金融服务，进一步加大对山东省生态环保领域工程项目建设的支持力度，提供三年500亿元融资支持，重点支持整市、整县推进垃圾污水处理、农村环境整治和农业面源污染治理项目，打造乡村生态振兴示范工程。同年12月，国家开发银行山东省分行授信鱼台县县域水环境综合治理项目8.64亿元，为提升南水北调东线整体水质、解决南四湖水污染问题提供了有力支持。

2022年1月，山东省首支土壤污染防治基金设立，目标规模达10亿元，首期规模为3亿元。基金将按照"政府引导、市场运作、公开公正、安全高效"的原则投资运作，重点支持农用地土壤污染防治项目、土壤污染责任人或土地使用权人无法认定的土壤污染防治项目、国家和省政府确定的其他土壤污染防治项目，投资支持具备土壤污染防治和修复技术、研发及转化能力的企业或项目，推动土壤资源高效利用，助力山东省深入打好污染防治攻坚战、持续改善生态环境质量，促进经济社会全面绿色转型。

二是推行企业金融辅导员制度，积极培育生态环保产业。生态环保产业是国家战略性新兴产业，是生态环境保护的重要物质基础和技术保障，是新的经济增长点。山东省委、省政府高度重视生态环保产业发展，将支持发展生态环保产业作为贯彻绿色发展理念、推进新旧动能转换、改善生态环境质量、深入打好污染防治攻坚战的重要抓手。从加强政府引导、拓宽和规范生态环保产业市场等方面积极推动生态环保产业发展，为实现山东省生态环境质量持续改善、深化供给侧结构性改革、推动创新驱动发展提供了重要保障。

山东省生态环境厅按照工作职责，积极推进生态环保产业发展，2020年10月，率先制定实施生态环保产业统计调查制度，依法开展生态环保产业统计调查，第一次摸清了全省生态环保产业底数。2020年12月，山东省生态环境厅会同山东省发展改革委等9部门联合印发《关于支持发展环保产业的若干措施》，立足山东省生态环保产业发展现状，强化优势，补齐短板，从健全推进机制、优化产业布局、扩大产业市场、壮大环保制造业、发展环境服务业、提升资源综合利用业、强化产业科技创新、加强人才队伍建设、拓宽投融资渠道、强化产业支撑10个方面提出了27条具体措施，明确了山东省生态环保产业的发展方向和支持政策。2021年12月，山东省生态环境厅会同山东省发展改革委等8部门联合印发了《山东省"十四五"生态环保产业发展规划》，共包括10章36节，进一步明确山东省生态环保产业发展的目标任务和措施，为今后生态环保产业的发展明确了"时间表"和"路线图"。

山东省地方金融监督管理局、山东省生态环境厅联合印发《关于将部分环保企业纳入金融辅导的通知》，将参加环保产业统计调查的3000余家环保企业全部纳入金融辅导，将生态环保产业百强企业纳入优选辅导层，根据条件享受利率、期限等优惠政策。2021年底，已为有融资需求的环保企业解决融资达20亿元。在一系列政策措施的推动下，山东省生态环保产业发展势头良好，中国环境保护产业协会统计，2020年度山东省生态环保企业数量位居全国第一，环保产业产值位居全国第五；产值比2019年提升了9个位次。

三是鼓励社会资本投资生态环保领域，推进绿色低碳循环发展。社会资本是生态环境治理资金的重要来源，山东省生态环境厅大力培育第三方治理市场和内生力，吸引和扩大社会资本投入生态环境污染治理，实现生态环境保护和经济发展的双赢。具体体现在以下四个方面。

第一，开展生态环境导向开发（EOD）模式试点。EOD模式是将公益性强、经济收益差的生态环境治理项目与经济收益较好的资源、产业开发项目融合实施，"肥瘦搭配"组合开发的一种新兴开发模式，是"绿水青山"向"金山银山"转换的重要路径，可有效实现生态环境效益和经济效益的双赢。山东省生态环境厅积极推进EOD模式，会同山东省发展改革委、国家开发银行山东省分行推荐上报的日照市水库流域生态保护与产业开发项目、滨州市博兴经济开发区绿色融合发展项目被确定为第一批国家级EOD模式试点。其中，日照市水库流域生态保护与产业开发项目获得国家开发银行17亿元授信额度的低息信贷，有效促进了流域生态环境高水平治理和产业高质量发展。同时，山东省生态环境厅在全国率先开展了省级EOD模式试点工作，确定4个项目入选省级试点，国家开发银行山东省分行发挥开发性金融大额中长期资金优势，对试点项目予以金融支持。

第二，深入推进生态工业园区建设。生态工业园区建设是工业经济领域推进生态文明建设和高质量发展的重要载体，通过创建生态工业园区，可有效整合生态环境治理资金，加快推进园区生态环境基础设施建设，全面提升园区内企业污染治理水平。山东省高度重视生态工业园区建设，将生态工业园区建设作为园区发展考核的重要内容，2021年10月，山东省生态环境厅会同山东省财政厅等9部门联合印发《关于深入推进生态工业园区建设的若干措施》，提出6个方面17条具体措施，强化政策资金支持力度，支持园区内重点项目建设，将符合要求的重点项目纳入中央和省级环境污染防治项目库、省环保金融项目库等，在政策、资金方面给予支持，为生态工业园区高质量发展夯实基础,同时提出对于新获命名的生态工业园区给予最高 300 万元的财政奖补,进一步提高了园区创建生态工业园区的积极性。山东省生态工业园区建设工作成效明显,截至 2022 年 3 月,已创建命名国家级生态工业示范园区 9 家,省级生态工业园区 7 家,居全国第二位。

第三,创新生态环境治理模式。深入推进环境治理市场化、专业化,积极鼓励引导社会资本参与生态环境治理,相继开展了环境污染第三方治理、环境综合治理托管服务、环保管家、环境医院等试点。山东省政府印发的落实"六稳""六保"政策清单和"稳中求进"政策清单中,明确提出对环保管家、环境医院等各种试点给予奖补。2021 年,山东省生态环境厅开展了 8 个环保管家和 6 个环境医院试点,每个试点给予 50 万元奖补。2022 年又组织开展整体清洁生产集群审核模式试点,每个试点给予最高 100 万元奖补。

第四,培育气候投融资项目。积极支持青岛西海岸新区开展气候投融资试点,气候投融资规模达 322 亿元,其中,山东省绿色发展基金国际金融组织贷款基金规模达 100 亿元、青岛银行每年投资 100 亿元、社会投资 120 亿元、全市碳排放权质押贷款资金为 2 亿元。圆满完成全国碳排放权交易市场第一个履约周期碳排放配额清缴工作,截至 2022 年 1 月 10 日,全省 305 家发电行业重点排放企业实际履约 11.52 亿吨,累计成交额达 45.98 亿元,占全国的 58.14%。

## 三 依托碳减排支持工具积极探索碳金融

山东省碳排放约占全国的十分之一,产业结构偏重,能源结构偏煤,碳减排任务重、潜力大。为提高碳减排支持工具的便捷性、精准度和成功率,实现资金池、工具箱和项目库的有效对接和顺畅贯通,加大政策红利到实体经济的转化率,山东省发展改革委会同中国人民银行济南分行等主要做了一些促进碳减排支持工具落地的工作。

一是建立碳金融重点项目库，实现项目来源的广泛精准和标准的规范统一。从需求侧入手，由各级发展改革、能源部门牵头，依据碳减排支持工具和煤炭清洁高效利用专项再贷款的支持范围，按照"投向精准、应纳尽纳"的原则，挖掘各市高质量的碳金融重点项目，在省级层面统一由工程咨询单位把关后，纳入碳金融重点项目库，通过山东省融资服务平台、山东省金融辅导系统等渠道，按季度向金融机构推送符合政策工具支持范围的项目。碳金融项目库有效解决了银行与企业间信息不对称的问题，降低银行寻找合规项目的成本，提高项目入选的准确度。经初步统计，2022年第一季度纳入碳金融重点项目库的项目为227个，拟申请政策工具贷款金额达3389亿元。

二是搭建政银企服合作对接平台，打通政策落实的"最后一公里"。以服务实体经济、服务企业项目为核心，建立各级政府部门、项目单位、金融机构、金融辅导员多方协同推进机制。比如，搭建政银企服合作对接平台，项目单位、金融机构、相关部门、金融辅导员、碳减排项目专家在平台上多方协同沟通，实现"政府介绍政策、银行宣讲服务、企业反映需求、多方协同破题"，推进问题即时提出、即时解答、即时推动、即时反馈、即时督导。再如，建立碳金融重点项目库推送项目的跟踪机制，优化碳金融项目信贷管理，将有意愿的入库企业纳入金融辅导范围，"一企一策"设计融资服务方案。同时建立问题定期收集分析和破解机制，对无法落实贷款的项目第一时间进行总结归类、"解剖麻雀"，分析项目落地存在的突出矛盾和共性问题，每半年上报业务主管部门，实现政策工具直达实体经济的精准高效。

三是加大碳金融应用场景的示范，形成引领带动效应。引导银行加大碳减排支持工具应用场景创新，对首个、最大及其他有代表性的成功案例通过多种形式推广应用，为其他类似的企业"打样"、示范，形成一批可看、可学、可用的最佳应用成果。组织各市、各金融机构总结报送碳金融服务中的创新做法、先进模式、典型经验等情况，以培训会及印发典型案例等形式在全省推广宣传。山东省潍坊市等已经组织符合条件的重点企业和金融机构举办了碳金融项目融资场景发布、专场对接、成果签约等活动。

## 第六节 面临的问题与短板

虽然绿色金融体系建设各项工作取得了积极进展，但在山东省碳达峰碳中和的目标约束下，仍面临着一些需要解决的问题。

### 一 顶层设计有待进一步强化

虽然近3年来全省相继出台了绿色金融领域的相关文件，但数量较少，并且真正从全省层面布局的绿色金融发展规划、山东省委省政府印发的绿色金融综合性指导意见还是空白。相较而言，江苏省、福建省围绕绿色金融已经出台了十几项综合性政策、专项政策，有19个省（区、市）在若干年前就已经出台了绿色金融综合性意见或实施方案。

### 二 绿色金融总量和结构性问题并存

2021年末，山东省绿色贷款余额为7979.2亿元，是广东省、江苏省、浙江省的一半左右。从全省各地区来看，区域发展不平衡问题比较突出。省内16地市中9个城市绿色贷款余额不足200亿元，地区间绿色信贷规模差异较大。从绿色贷款内部结构来看，基础设施绿色升级贷款份额最大且持续扩大，所占比重由2020年第一季度末的42.9%提高至2021年第四季度末的43.1%。而具有更显著碳减排效应的清洁生产与清洁能源产业贷款增速分别为2.9%和22.5%，低于全部绿色贷款增速（48.7%）。从机构分布来看，全省地方法人银行绿色贷款余额为916.5亿元，仅占全部绿色贷款的11.5%。全国性银行是发放绿色贷款的主力，地方法人银行尚有较大的提升空间。此外，绿色债券发行量偏小。山东省绿色债券都集中在绿色企业债、公司债、私募债、中期票据，其他债券品种如可交换公司债、项目收益票据、资产支持证券等都是空白。

## 三 环境信息仍面临共享难题

碳账户和环境信息披露是下一步支持"双碳"目标的重点领域。目前，浙江衢州碳账户体系建设已成为全国"样板"，而部门协同、系统推进是衢州成功的关键。从山东省的情况来看，碳信息目前分散于不同部门，如发展改革部门掌握项目环评、能评信息和企业用能信息，生态环境部门掌握企业环境权益资产信息和碳排放的核查信息，统计部门掌握企业碳排放的统计信息。由于这些碳信息分散在多个部门，并且未与金融部门实现共享，无法支持金融部门有效识别绿色低碳项目，以及对企业开展环境效益核算。此外，目前各地普遍缺乏专门从事环境风险评估、联结绿色信贷各链条的中介服务公司，影响银行业务的开展。

## 四 绿色企业和项目标准认定不统一

虽然中国人民银行已发布中国首批绿色金融标准，但目前各地发展绿色金融时参照的银保监会绿色信贷标准、中国人民银行绿色贷款统计标准、国家发展改革委绿色债券等几大标准体系，在支持项目范围和分类方法上存在差异。此外，现阶段对市场主体开展碳核算的方法不统一，缺乏对部分行业进行碳效评价的标准，无法为开展金融支持提供准确可靠的数据，影响相关金融场景应用开发。加之全省尚未建立绿色信息共享平台，绿色项目缺少统一标识，造成金融机构绿色项目信息成本高、效率低。

## 五 高碳行业低碳转型与绿色金融工具不匹配

目前全省的绿色金融项目库主要聚焦对绿色低碳属性鲜明的主体或项目提供支持，尚不完全包容高碳行业的低碳转型行为，甚至带有"挤出"效应。而从山东省产业结构来看，传统"高碳"行业仍是其主导产业，推动传统高碳行业的转型升级是落实碳中和目标的重要任务之一，但目前该领域高碳排放属性与绿色金融产品领域存在明显错配，亟须大力发展"转型金融"。

## 六 碳减排支持工具落地过程不畅

在推动碳减排支持工具落地的过程中，也发现了一些难点或者痛点问题，比如，存在上热下冷、政策热企业冷的现象。截至2022年1月末，山东省共发放碳减排支持工具支持贷款91.5亿元，但总量与山东省的经济总量特别是碳排放量不相称。各地方、各企业对碳减排支持工具的认识程度不一，各级政府部门、企业对碳减排支持工具是什么、怎么用等均存在模糊认识，企业对碳减排支持工具存在怀疑和观望的态度，使用贷款的积极性也不太高。从第一批碳金融项目来看，比如，有的市申报了上百个有资金需求的项目，而有的市只申报了十几个。此外，碳排放量的披露标准不统一，对于碳减排支持工具，央行要求金融机构公开披露发放碳减排贷款的情况，以及贷款带动的碳减排数量等信息，并由第三方专业机构对信息进行核实验证，接受社会公众监督。当前碳减排数量主要以企业自己申报为主，很多都是天量数字。

## 七　绿色财政与绿色金融协同配合度不高

当前全省的绿色金融贴息补助、风险补偿等激励机制还不够完善，从财政支出来看，2019 年山东省节能环保支出占比为全国第 17 位，绿色信贷和绿色债券贴息政策的数量、力度都处在全国中游水平。另外，四川省、江西省等省份的多个市区都建立了绿色信贷风险补偿基金，多个省份出台了绿色金融风险分担细则，而山东省只有少数地市在相关文件中比较宽泛地提到"建立风险补偿机制"。

## 八　绿色金融创新和服务能力仍需提升

目前绿色经济尚处于起步阶段，产业规模小、实力弱，金融承载能力不足。绿色项目特别是低碳、减碳项目普遍具有期限长、回报率低的特点，受制于专业人才、创新机制、信息等方面的约束，银行对绿色企业和项目筛选与评估的能力有限，制约了业务开展。与先进省份相比，金融机构产品创新种类和业务规模仍有差距，模仿性创新居多、开拓性创新较少，尚未实现由"跟随者"向"领跑者"的转变。此外，地方法人银行在绿色金融债发行方面后劲相对不足。在绿色金融区域金融改革方面，探索和推进绿色金融产品、服务及体制机制创新方面的实质性举措和突破需要进一步加强。

# 第四章 "双碳"背景下山东省金融机构的绿色金融实践

践行绿色金融,关键在金融机构,金融机构作为实施绿色金融的主体,很大程度上决定了绿色金融的最终成效。本章在撰写过程中,实地调研了山东省不同层面的金融机构,如开发性银行、政策性银行、国有银行、全国性股份制商业银行、地方法人金融机构、国有控股金融公司等,总结梳理了这些金融机构在山东省的绿色金融实践。

## 第一节 开发性金融机构的绿色金融实践

国家开发银行是开发性金融机构的代表。自2021年以来,国家开发银行山东省分行深入贯彻落实习近平总书记"三个走在前"重要指示要求,紧紧把握山东在黄河流域生态保护和高质量发展中的作用及定位,坚持生态优先,积极研究通过绿色信贷重点支持垃圾、污水处理设施建设,水域、土壤、大气污染防治,农村环境综合整治,可再生能源、环保装备制造、节能环保服务及轨道交通等绿色发展领域,主动发挥开发性金融的先行先导作用、整合行业和社会资源的引领带动作用、服务国家和地方经济社会发展战略的支持保障作用，大力推动绿色金融创新发展。

国家开发银行山东省分行积极创新绿色金融产品，持续将金融资源向绿色领域倾斜，在开发绿色金融产品、服务模式创新方面情况如下。

## 一 创新融资模式，开展垃圾、污水处理"百县千亿"专项行动

2021年国家开发银行山东省分行开发储备垃圾污水项目27个，融资需求约为143亿元；评审8个垃圾、污水处理项目，授信69.04亿元，发放20.07亿元，有效地助力省内各地提升垃圾、污水处理能力和水平。

2021年上半年，国家开发银行山东省分行支持泰安市全域垃圾分类体系建设（一期）项目，按照"规划先行、政府引导、市场运作，顶层设计、统筹资源、合规实施"推进思路，在不增加政府隐性债务、不依托财政兜底的前提下，创新地市垃圾统筹一体化支持模式，承诺中长期贷款24.5亿元，发放3.3亿元。该项目是贯彻落实习近平总书记关于推进垃圾分类制度的指示要求，国家开发银行山东省分行探索开发的全国首个地市垃圾统筹一体化项目，有效破解了垃圾分类处理等准公益项目融资难题。该项目已作为国家开发银行样板案例在全国范围内进行推广。2021年8月，国家开发银行山东省分行与山东省生态环境厅、山东省发展投资控股集团签署《深入打好污染防治攻坚战共同推进生态环保重大工程项目融资战略合作框架协议》，计划未来三年，国家开发银行山东省分行将提供500亿元融资，重点支持整市、整县推进垃圾污水处理、农村环境整治和农业面源污染治理项目，打造乡村生态振兴示范工程。

2021年12月，鱼台县域水环境综合治理项目梳理落地，授信8.64亿元，是三方签署战略合作框架协议后全省第一个项目，也是山东省深入打好污染防治攻坚战共同推进生态环保重大工程项目融资工作的首个重大成果。

考虑到垃圾处理、污水处理项目还款来源较为单一，单位运营成本较高，对社会资本的吸引力不足，国家开发银行山东省分行在设计项目时大力提倡"肥瘦搭配"的模式，将同类项目或上下游产业链的子项目进行打包。比如，县域内单个污水处理项目体量较小，如按区域进行整合，将多个相邻的村镇污水项目进行打包，则整体上吸引力更大；垃圾处理将道路清扫保洁、垃圾收运、垃圾分类到垃圾处理等环节按行业整体打包，做强做全产业链；污水治理则使用邻近子项目打包模式，将污水治理与河道截污、河道生态等黄河流域生态修复项目相结合。

## 二 创新绿色金融产品，探索生态环境导向开发模式

2021年国家开发银行山东省分行与山东省生态环境厅、山东省发展改革委合作开展"生态环境导向开发模式"试点工作，探索将生态环境治理项目与资源、产业开发项目有机融合，有效解决了生态环境治理资金来源匮乏、总体投入不足，环境效益难以转化为经济效益等问题，推动实现生态环境资源化、产业经济绿色化，提升环保产业可持续发展能力，促进生态环境高水平保护和区域经济高质量发展。截至2021年末，已收到山东省生态环境厅推荐的两批共4个生态环境导向的开发模式试点项目。截至2022年3月，试点名单内日照水库流域生态保护与产业发展项目一期已通过分行授信与投资审批会议，承诺额为4.7亿元，有效缓解了当地河湖治理、绿色环保、产业发展的融资需求。

## 三　可再生能源电价补贴确权贷款

补贴确权贷款是以可再生能源领域已确权应收未收的财政补贴资金为依据而增信的创新金融产品。国家开发银行山东省分行对该全新融资模式进行研究，共推动三个项目落地，授信12.03亿元，累计发放6.8亿元。其中，华能山东发电有限公司、山东能源集团有限公司的可再生能源补贴项目均采用统贷模式，涵盖光伏、风电、生物质等可再生能源领域，涉及范围广、统贷金额大，对促进山东省内可再生能源发电行业健康发展具有积极示范意义。该项目不仅是促进能源体系绿色低碳转型、助力能源领域碳达峰碳中和的有效举措，也是国家开发银行山东省分行按照市场化、法治化原则，支持可再生能源领域项目的成功探索。

## 四　探索轨道交通"成本规制"模式

2021年国家开发银行山东省分行通过"成本规制"模式共承办济南轨道交通4号线一期及R1、R2、R3 4个轨道交通项目，授信489.8亿元，发放112.9亿元，有效助力济南市轨道交通建设，在缓解城市拥堵、保障城市运行和服务交通强国战略方面发挥了重要作用。

成本规制模式是城轨企业市场化运作的重要方式。交通成本规制是指合理界定公共交通行业各项运营成本范围，科学建立单位运输成本标准并以此测算财政补贴和科学定价调价的政策。按照项目成本收入平衡、财务可持续的原则，确定对每人次或每人公里的票价补差标准，按客运量和服务质量最终核定补贴金额。在厘清政府支出责任与地方政府隐性债务边界的前提下合规支持行业发展，政府只承担对乘客的票价补差责任，与轨道交通企业债务偿还无关。

自推行以来，国家开发银行山东省分行持续完善成本规制模式，不断提升开发性金融服务效能，有效推动城轨重大项目建设和行业高质量发展。

但是在绿色金融实践过程中，开发性金融机构仍会面临一些难点。如尽管绿色信贷整体规模保持稳步增长，但由于资金投放领域普遍具有经营期限长、利润率低、见效慢等特点，绿色信贷占各项贷款的比例仍然较小，截至2021年底该比例仅约10%（但高于全省4.82%的平均水平）。当前，国家开发银行山东省分行绿色信贷项目余额以绿色交通运输项自、生态环境治理及可再生能源项目为主，余额占到绿色信贷余额的近八成。

另外，地方政府专项债项目未明确配套融资额度。2022年中央经济工作会议提出适度超前开展基础设施投资，更加强调在碳达峰碳中和目标下，聚焦绿色基建投资。基于这一背景，在地方政府专项债金额申报阶段，各地倾向于全额申报，而忽略了银行配套融资。根据银保监会相关规定，发行专项债的项目寻求银行配套融资需在自平衡报告中明确配套融资额度，未明确的项目会带来一定的政策障碍。

## 第二节 政策性金融机构的绿色金融实践

中国农业发展银行是政策性金融机构的代表。近年来，中国农业发展银行山东省分行不断提高政治站位，深入贯彻落实习近平生态文明思想，充分认识到政策性银行在推动生态文明体系建设、助力实现"双碳"目标实现的重要性、必要性和紧迫性，始终践行"绿水青山就是金山银山"理念，聚焦"三农"领域绿色发展，不断完善绿色金融服务体系，积极打造"绿色银行"品牌。截至2021年12月末，中国农业发展银行山东省分行存量绿色项目414个，贷款余额为1305.14亿元，居全国农业发展银行系统第一位。

## 一 明确绿色信贷发展目标

中国农业发展银行山东省分行聚焦清洁能源、生态环境、基础设施绿色升级、清洁生产、节能环保、绿色服务六大绿色产业，加大支持力度，提升绿色资产占比，制定了具体目标：全行绿色贷款余额增速不低于18%，到2025年，力争绿色信贷余额较2020年翻番，全行绿色信贷规模占信贷资产的20%以上。

## 二 构建绿色金融治理格局

一方面，健全组织架构。中国农业发展银行总行信贷管理部设立绿色信贷管理处，统筹推进绿色信贷管理工作；山东省分行明确信贷管理处为牵头部门，相关处室作为配合部门。另一方面，考核评价机制初步建立。在2021年度山东省内的市级分行绩效考评和信贷等级行管理中，提高绿色信贷考核指标比重；对接监管要求，构建中国农业发展银行山东省分行绿色信贷评价体系，评价由定量评价和定性评价两个部分构成，定量指标占比80%，定性指标占比20%。

## 三 践行绿色融资发展理念

一方面，认真落实中国农业发展银行总行《绿色信贷指引》《关于打造"绿色银行"特色品牌 高质量服务国家生态文明建设的指导意见》等文件精神，先后编发三期《政策跟踪与解读》，引导全行员工树立、践行绿色发展理念。另一方面，把绿色发展纳入信贷全流程管理，按照监管要求细化项目受理、调查、审查、审议审批、合同签订、放款、贷后管理等各个阶段管理要求，督促各相关条线、各级行执行落实到位。

## 四 加大绿色信贷支持力度

首先，绿色信贷业务稳步迈进。中国农业发展银行山东省分行紧密结合六大绿色产业，持续加大"三农"领域绿色信贷政策倾斜、支持力度；开辟了绿色信贷办贷通道，优先受理、入库、调查、审查、审议审批符合绿色标准的贷款项目。其次，服务国家和省级重大战略。将打造"绿色银行"与乡村振兴、支持黄河流域生态保护和高质量发展进行有机结合，实现了多领域、全链条的绿色金融服务网络全覆盖。全力服务"绿满齐鲁、美丽山东"国土绿化行动，截至2021年末，中国农业发展银行山东省分行发放的林业生态资源开发与保护贷款余额61亿元；围绕中央"碳达峰、碳中和"战略目标，重点支持秸秆、污废利用、清洁取暖、热电联产、新能源园区等项目，审批该类项目7个，投放贷款30亿元；支持沂蒙老区发展，贷款3亿元支持兰陵县压油沟村利用良好的乡村生态，建设乡村旅游综合景区。再次，不断开拓绿色创新。总行指导各级行探索创新碳排放权融资模式，例如，黑龙江省分行探索创新可再生能源补贴确权贷绿色信贷模式，有效支持地方可再生能源行业发展。福建省分行积极探索绿色权益担保方式，投放全行首笔100万元国际林业碳汇（VCS）收益权质押贷款，将林业资源的"价呼吸"转变为有效的担保方式。河北省分行围绕张家口坝上地区丰富的风力、光照资源，探索现代农业与光伏发电相结合的"光伏+"生态产业扶贫新模式，将光伏产业作为"铁杆庄稼"来种植，打造老百姓自己的"阳光存折"。贵州省分行探索设立绿色项目政策性银行专项贷款风险补偿基金,签订《"贵州省刺梨产业贷"合作协议》,撬动农业政策性信贷资金协力支持刺梨全产业链发展。湖北省分行创新"碳汇交易+农业产业收益"模式,审批全行首笔生态产品价值开发利用建设贷款3亿元,实现集生态效益、社会效益与民生效益于一体的"生态+"效益。

## 五 提升绿色信贷认定水平

充分利用好可研材料,加强绿色项目识别和绿色属性认定,用好绿色信贷节能环境效益评价系统,精准识别、严格把关,确保支持项目真节能、真减排、真环保、真绿色。先后下发《关于严格绿色信贷认定管理的通知》《绿色信贷认定提示函》,根据绿色认定工作发现的问题,梳理各环节绿色认定有关要求,严格执行文件要求,规范流程操作,确保每笔绿色信贷项目都经得起核查和检验。

当然,中国农业发展银行山东省分行在开展绿色金融创新过程中也面临一些难点与不足。比如,绿色营销产品创新较少。目前,中国农业发展银行山东省分行占比较大的绿色项目集中在水利建设贷款、农村土地流转贷款、改善人居环境贷款上,具有绿色金融特性的碳汇类金融产品还未突破,尤其是清洁能源、节能环保、碳减排技术方面的项目,碳减排测算仍有欠缺。再如,绿色项目的公益性属性影响市场化融资。绿色信贷项目大部分为公共服务基础设施建设类项目,因其公益属性,项目收益不足,第一还款来源有限,多数承贷主体担保资源匮乏,采取市场化融资模式支持较为困难,为金融模式的创新和风险防控带来了不小挑战。此外,绿色金融人才储备较少。绿色信贷涉及节能、环保等专业性较强的领域,目前中国农业发展银行山东省分行获取项目环境与社会风险等相关信息主要依据中介机构提供的环评报告和环保部门的批复,由于中国农业发展银行山东省分行缺乏具备环保专业背景的信贷评估人员，不能对实质性的环保风险和社会效益作出全面的、专业的判断。

## 第三节 国有大型金融机构的绿色金融实践

在国有大型金融机构中，中国农业银行的绿色金融发展较为突出。近年来，中国农业银行山东省分行认真贯彻落实中央生态文明建设决策部署，按照山东省委、省政府和中国农业银行总行的要求，牢固树立绿色发展理念，融入全行发展战略，始终把绿色金融作为服务全省经济绿色转型、调整优化自身信贷结构的总抓手，围绕打造乡村振兴齐鲁样板、深入推动黄河流域生态保护和高质量发展、推进新旧动能转换等重大战略，着力加强绿色金融产品创新、制度创新和科技支撑，持续加快绿色信贷投放，不断提升服务山东省经济社会绿色低碳转型发展的质效。实行"一把手"挂帅、加强顶层设计、完善政策体系。紧抓总行绿色金融研究院成立契机，率先设立绿色金融创新部，建立柔性团队，打造"绿色金融创新基地""绿色金融示范行"，形成了绿色信贷需求优先满足、业务优先办结、生态环保一票否决等一系列制度安排。截至2021年末，中国人民银行口径绿色贷款余额为473亿元，较年初增加161亿元，增速51%，高于各项贷款增速37个百分点。占比6%，较年初增加1.35个百分点。承销绿色债券14亿元，占国有四大行份额的65%。是全国金融系统唯一荣获第十届"母亲河奖"绿色贡献奖的金融机构。

### 一 设立绿色金融研究院

2021年3月，时任山东省委书记刘家义与中国农业银行董事长谷澍会见时提出共同建设绿色金融研究院的建议。2021年7月20日，中国农业银行绿色金融研究院成立仪式暨第一次联席会议在济南市举行。研究院下设4个中心、1个实验室，分别为协同创新研究中心、绿色产业研究中心、绿色信贷研究中心、绿色债券研究中心、绿色金融创新实验室。绿色金融创新实验室设立在中国农业银行山东省分行，围绕山东省绿色低碳转型发展需要，打造理论研究的新高地、成果转化的助推器、金融服务绿色低碳发展的新智库。同时，为建立银政合作长效机制，进一步加强绿色金融研究院工作开展的统筹协调，建立联席会议制度，成员单位由中国农业银行总行相关部门、相关分行，以及山东省政府相关部门组成。

## 二 支持打造乡村振兴齐鲁样板

强化"三农"绿色金融服务，大力支持山东省现代农业、县域城镇化建设和县域工业新旧动能转换发展。在山东省内首创"生态保护专项贷款"，支持城乡环卫一体化、"再生水厂项目"、生活垃圾焚烧发电项目，在民生和生态领域实现新突破。以绿色金融助推乡村振兴与脱贫攻坚有效衔接，向省级扶贫龙头企业——华能沾化光伏发电有限公司发放贷款2.8亿元，惠及贫困户4000户；累计审批光伏扶贫、光伏领跑者、农光互补、渔光互补等太阳能发电项目16个，金额达29亿元。

## 三 支持新旧动能转换实现新突破

支持绿色新能源发展，可比同业贷款份额近50%，大力支持烟台海阳、威海荣成两大核电基地，全省八大海上风场、五大电化学储能、四大抽水蓄能电站项目，授信支持353亿元，央企绿色信贷突破300亿元，实现辖内清洁能源央企合作全覆盖，成功突破系内首笔绿色非标理财融资、全省首笔"碳中和"和"专项乡村振兴"双标债。助力绿色交通发展,为全省8条重点高速铁路、16条高速公路项目提供融资超过1000亿元,积极响应海洋强省战略部署,率先与山东省海洋集团、山东省港口集团签署战略合作协议,为全省海洋经济提供融资超过400亿元。自2018年以来,累计投放新旧动能转换重点项目贷款达2000亿元,增量居国有四大行首位。

## 四 支持黄河流域生态保护和高质量发展

认真贯彻落实习近平总书记在深入推动黄河流域生态保护和高质量发展座谈会上的重要讲话精神以及视察山东的重要指示要求,发挥绿色金融对推动黄河流域生态保护和高质量发展的重要作用,围绕生态保护修复、环境污染综合治理、水资源集约节约利用等重点领域,加大信贷投放力度。编制《金融服务黄河流域生态保护和高质量发展生态图谱》,梳理黄河流域9市25县资源禀赋、产业结构和信贷支持重点,为做好金融服务提供了"路线图"和"工具书"。在同行业中首家推出"金穗齐鲁·黄河系列贷",为精准支持国家黄河战略提供了有力抓手。

# 第四节 地方法人金融机构的绿色金融实践

恒丰银行总部设在山东省济南市,作为全国性股份制商业银行,同时也是山东省本土重要的地方法人金融机构。恒丰银行始终以服务国家绿色发展战略和低碳发展目标为己任,围绕国家战略谋布局,发展绿色金融,践行社会责任和担当。近年来,恒丰银行把绿色金融发展摆在更突出的位置，坚定不移地贯彻党中央决策部署和省委省政府的工作要求，将绿色金融发展作为经营发展的"驱动引擎"，围绕"双碳"战略制定绿色金融发展规划，持续加大绿色信贷投放力度，多次以全国"首单""首笔"创新绿色金融发展之路，全力构建绿色金融生态圈，充分发挥金融支持"双碳战略"，助力我国经济社会发展全面绿色转型。

自 2021 年以来，恒丰银行把绿色金融发展摆在更突出的位置，充分把握绿色金融发展机遇，不断加强清洁生产、节能环保、基础设施绿色升级等重点领域金融支持，绿色信贷实现快速稳定增长。截至 2021 年末，实现绿色贷款余额达 255.1 亿元，较年初增加 151.6 亿元，增幅达 146.47%，其中省内绿色信贷余额达 77.2 亿元，占全部绿色信贷余额的 30.26%，较年初增加 41.25 亿元，增幅达 114.74%。在 2021 年中国人民银行绿色信贷执行情况通报中，恒丰银行绿色贷款余额增幅达 140%，在 24 家重点银行中位列第四。

## 一 宏观统筹，夯实绿色金融发展基础

恒丰银行深入贯彻落实山东省委、省政府关于碳达峰碳中和的决策部署，将绿色金融作为全行长期战略重点，推出《恒丰银行绿色金融发展实施意见（2021—2025 年)》，通过完善顶层设计、政策体系、产品体系等 8 大项 27 条具体措施，绘制出"十四五"时期绿色金融高质量发展的"路线图"。至 2025 年，恒丰银行计划投放绿色金融专项支持额度不低于 3000 亿元，稳步提升绿色金融占全行资产规模比重，建成被客户和市场广泛认可的绿色金融品牌银行。在山东省本土，持续加大新旧动能转换重大项目、传统产业绿色改造升级、环境治理与生态修复、绿色低碳生产体系建设等支持力度，积极创新环境权益融资、能效贷款、绿色债券等金融产品，

加快提升服务全省绿色发展转型质效。

## 二 创新引领，丰富绿色金融业务发展手段

①创新绿色贷款产品体系。结合绿色信贷发展需求，创设绿色信贷产品体系，从基础产品、特色产品及金融服务方案三大板块，涵盖流动资金贷款、项目融资、碳排放权融资、排污权质押融资、环境治理融资、清洁能源融资、整县光伏融资服务方案、轨道交通金融服务方案等 21 项具体金融产品，以丰富直达实体的多层次产品服务体系，为绿色经济发展提供坚实保障。②创新投行产品绿色应用。持续强化产品服务，助力企业绿色升级发展，先后创新发行全国首单绿色"碳中和"债券、全国首单"绿色+乡村振兴"债券、全国首单"乡村振兴"债券、全国首单高成长债权融资计划、全国首单"碳中和+乡村振兴"双贴标债券、全国首批可持续发展挂钩债券 6 笔债券，以及覆盖山东省、云南省、湖北省、重庆市、湖南省、江苏省等省份的 7 笔区域首单，截至 2022 年 3 月，恒丰银行累计发行 21 只绿色债券，发行规模突破 70 亿元。

创新 ESG 理财产品发行，为践行 ESG 原则，增强企业自身的社会责任意识和可持续发展能力，恒丰银行发行 ESG 理财产品，将社会责任纳入投资决策，重点投资于 ESG 表现良好企业的债权及股权类工具，覆盖节能环保、清洁能源、乡村振兴、扶贫等领域，引导社会资金流向绿色产业和践行可持续发展理念的企业。截至 2022 年 3 月，发行两只 ESG 美好家园增享系列理财，共募集 23.62 亿元。

## 三 多措并举，提升绿色金融业务服务水平

建立总行绿色金融中心，构建绿色金融发展组织保障。公司

金融部已成立绿色金融中心，负责统筹推动全行绿色金融业务发展，在绿色金融行业研究、客群拓展、产品创设及综合服务方案方面提供组织保障，聚焦解决绿色金融发展中的痛点、难点、堵点，形成从总行贯穿至一线经营单位的绿色金融组织架构和整套管理体系，着力提升绿色金融发展的专业性和精准性，带动一批绿色金融基础较好的经营机构率先发展，打好绿色金融业务发展攻坚战。

## 四 设立绿色金融特色机构，打造区域金融服务名片

通过制定《恒丰银行2021年推行绿色金融示范支行建设实施方案》，在客户、产品、规模、增速等方面设立评判标准，打造多维度绿色金融示范支行，将绿色发展理念融入经营机构日常经营，推进支行绿色金融效益的全面提升，践行绿色低碳发展社会责任。首家绿色金融示范支行已在德州禹城正式授牌。

# 第五节 商业性金融机构的绿色金融实践

兴业银行是国内金融机构中绿色金融发展的标杆，近年来以"一流银行，百年兴业"为愿景，积极探索可持续发展之道，逐渐形成了"寓义于利"的企业社会责任实践模式，绿色金融得到了快速健康发展。

2005年，兴业银行与国际金融公司合作，针对民营企业开发新的能效融资服务模式并在2006年推出国内首款节能减排贷款，成为我国绿色金融先行者。2008年，兴业银行在国内率先采纳"赤道原则"，主动对业务进行更加全面的环境和社会风险管理，为绿

色金融发展提供强大保障。十多年来，兴业银行持续深耕绿色金融，在绿色金融领域创下众多市场第一，例如，全国首笔排污权抵押贷款、首笔碳资产质押贷款、首张低碳主题信用卡、首笔绿色信贷资产支持证券、首只绿色金融债、首单绿色理财产品和绿债指数理财产品、首个绿色金融专业系统——"点绿成金"系统等。目前，兴业银行已形成涵盖绿色融资、绿色租赁、绿色信托、绿色基金、绿色理财、绿色消费等全门类的集团化绿色金融品与服务体系，通过商业模式的不断创新，将企业社会责任与银行业务有机结合，探索并走出了一条集团化"寓义于利，由绿到金"的可持续发展之路。截至2021年末，承销绿色债券超过300亿元，连续五年排名全国股份制商业银行第一名；累计为40619家企业提供绿色金融融资36753亿元，所支持的项目可实现在我国境内每年节约标准煤4088万吨，年减排二氧化碳10672万吨，取得了良好的经济与环境效益，有效助力我国打赢污染防治攻坚战。兴业银行发展绿色金融的努力和成效获得了诸多肯定，近年来多次被《亚洲货币》、国际金融论坛等评为"年度最佳绿色金融银行"，在美国著名指数编制公司——美国明晟公司（MSCI）ESG评级中连续三年获评A级，处于国内银行业最高水平，也是国内银行业唯一一家连续三年在该评级中获评A级的银行机构。

兴业银行济南分行近年连续被兴业银行总行授予"绿色金融优秀分行""支持黄河大保护优秀分行"荣誉称号，截至2021年末，累计为山东省节能环保产业提供融资超过1500亿元，其中，中国人民银行口径绿色贷款余额为220亿元，较年初增加52.47亿元，兴业银行济南分行2018年获得"金融支持山东节能环保产业先进单位"，并多次在中国人民银行济南分行与山东省工业和信息化厅主办的山东节能环保银企对接会上做典型经验交流，积极为主管部门绿色金融激励政策等建言献策。

## 一 围绕绿色金融进行体制机制创新

良好的体制和机制保障了兴业银行绿色金融业务健康发展。总行层面设立集团绿色金融业务发展委员会，着力将绿色金融优势从银行母体延伸至旗下更多主体，力争做强与做大，打造全市场一流的绿色金融集团、一流的绿色金融综合服务供应商。同时，总行还设立一级部门——绿色金融部，一级分行设立绿色金融部并确保所有分行设有专职部门或团队。济南分行设立省行一级部门——绿色金融部，统筹辖内绿色金融业务的组织和推动工作，各地市行企业金融部设绿色金融产品经理。根据兴业银行总行"十四五"发展规划，到2025年绿色融资规模突破2万亿元，绿色贷款突破6000亿元。

## 二 绿色金融政策资源保障

在考核评价方面，设立绿色金融专项考核指标，发挥考核指挥棒作用；在资源方面配置专项信贷规模和风险资产配置专项财务费用，并对重点领域进行价格补贴；在授权授信、审查审批等方面，通过政策引导明确绿色金融重点支持领域，开辟绿色金融业务审批绿色通道，设置差异化审批授权，提高业务效率，对绿色金融进行全方位特殊化支持。

## 三 科技赋能绿色金融

2016年兴业银行开发了国内首套绿色金融专业系统——"点绿成金"系统，进一步提高绿色项目识别效率，增强环境与社会风险防控能力，提高专业经营管理水平，先后获得"福建省十大金融创新项目"第一名、中国人民银行科技发展奖二等奖。

## 四 绿色金融产品创新

一方面,努力在信贷领域构建新模式,先后推出"绿创贷""绿色供应链""绿色经营贷"等新业务,有效满足更多类型客户更加多元的金融服务需求。其中,与中国清洁发展机制基金管理中心及各地财政部门合作的"绿创贷",发挥三方优势和股债结合特点,撬动社会资本,成为降低客户融资成本、服务各地绿色低碳经济发展的有力工具。另一方面,努力以投行与金融市场优势业务助力绿色金融打造"新高地",在绿色债券承销、绿色债券投资、绿色资产证券化、绿色理财、碳资产售出回购等业务领域稳居市场领先地位。以全国统一碳排放权交易市场为契机,发挥自身专业优势,为碳市场和交易主体提供一揽子金融服务,以"融资+融智"为载体,以"交易+做市"为抓手,以"碳权+碳汇"为标的,全面推动碳金融业务发展。其中,2017年至2019年,兴业银行非金融企业绿色债务融资工具发行规模连续排名全市场第一,2019年发行份额高达全市场的14.6%。

与此同时,创新拓展绿色金融资金来源,更加有力地保障资产负债平衡。自2016年以来,兴业银行已累计发行1300亿元绿色金融债,余额达1000亿元,是目前全球绿色金融债发行余额最大的商业金融机构,其中在卢森堡发行的境外绿色金融债,使兴业银行成为首家完成双币种发行、双交易所上市、跨时区定价的中资商业银行。2018年兴业银行济南分行承销发行山东首单绿色债务融资工具"18鲁公用GN001"2.6亿元;2020年由兴业银行济南分行独立承销的青岛水务集团2020年第一期绿色中期票据(蓝色债券)成功发行,成为我国境内首单蓝色债券。2021年2月9日,由兴业银行独立主承销的"中国南方电网有限责任公司2021年度第一期绿色中期票据（碳中和债）"成功发行，为全国首批也是粤港澳大湾区首单"碳中和"主题债券。2019年借助中国人民银行济南分行在全省推广"绿色票据直通车"业务的契机，兴业银行济南分行积极跟进，截至2021年末累计为30家企业办理了绿色票据再贴现17.3亿元，在山东省内名列前茅。

## 五 履行赤道原则，提升风险管理水平

赤道原则（Equator Principles）作为国际上先进的项目融资环境与社会风险管理工具，已经发展成为银行业环境与社会风险管理行业基准，得到全球70多家主流金融机构认可。基于对绿色金融业务的探索与实践，2008年10月31日兴业银行率先公开承诺采纳赤道原则，成为中国首家赤道银行，利用先进的国际环境与社会风险评估工具，帮助客户解决项目存在的环境与社会问题，从切实防范环境与社会风险的角度，支持实体经济发展。

此外，兴业银行济南分行在发展绿色金融中也遇到了一些困惑。比如，山东重化工业占据经济结构的半壁江山，主要污染物排放量位居全国前列，节能环保发展潜力巨大，当前环保产业发展迅速，但仍需要市场整合和政策引导。一方面，在碳达峰和能耗管控过程中不应一刀切，应给予一定的政策缓冲空间，防止政策变动导致企业经营困难进而影响银行信贷业务；另一方面，山东省环保产业市场大，但是存在大而不强的特点，缺少整合，在全国范围内缺少排名靠前的大型环保企业，尤其缺少省内本地龙头企业，大部分项目为央企或上市公司在山东省的子公司，与本地金融机构合作深度有限。此外，省内企业在金融产品方面偏好传统产品，对市场化创新产品的接受程度有待提升，在企业清洁化改造、绿色产品认证等方面的意识也需要加强。

另外，在综合收益方面，当前大宗绿色低碳项目普遍存在投资大、收益低、回收期长等特点，与金融机构负债期限形成错配，需要商业银行在风险和收益层面进行综合考虑。对商业银行来说，创新需要承担成本和风险等因素，也需要一定的推广价值和潜在收益，一款成长性好的产品需要在风险和收益间平衡，并为市场所接受，在内外部形成发展动力。在内外部激励政策方面，目前山东省内金融机构在绿色金融体制机制、产品创新和业务发展方面主要源于总部的政策推动，缺少本地化的政策支持和引导。银行开展的绿色业务、企业发行绿色债券与一般业务无明显差别，在绿色银行评价、风险资产、绿色债券无利率贴息等方面缺少政策激励。而江苏省、广东省、浙江省、北京市等地均出台了对绿色金融专项机构、绿色债券贴息、财政存款激励等支持政策。

## 第六节　省属国有金融企业的绿色金融实践

山东发展投资控股集团有限公司（以下简称"山东发展投资集团"）是山东省政府批准成立的首批国有资本投资公司。近年来，山东发展投资集团积极践行习近平生态文明思想，深入贯彻落实省委、省政府战略部署，积极服务全省重大战略，突出绿色科技产业方向，持续优化国有资本布局，初步构建了"绿色科技产业、绿色投融资与资产管理、园区运营与内引外联"三大业务平台。在"双碳"背景下，山东发展投资集团以"推动绿色发展，建设美丽山东"为使命，积极培育绿色、科技两大特色，2022年绿色科技产业投资占比达82.8%，管理的绿色基金总规模超过300亿元。其中，利用亚洲开发银行、联合国绿色气候基金（GCF）等国际组织资金发起设立的山东绿色发展基金,成为国际上首次利用国际金融组织联合融资设立的市场化绿色基金,在国内外绿色金融领域产生了广泛影响。

山东绿色发展基金是山东发展投资集团通过创新国际金融组织贷款资金使用方式,利用亚洲开发银行(以下简称"亚行")、德国复兴信贷银行(以下简称"德促")、法国开发署(以下简称"法开署")、联合国绿色气候基金(以下简称"GCF")合计约4亿美元资金发起设立的市场化私募气候基金,重点投向节能减排、环境保护与治理、清洁能源、循环经济、绿色制造等应对气候变化领域,基金采用有限合伙制,总期限20年,目标总规模达100亿元,根据社会资本募集情况分期运作。项目实施期内,将累计减少二氧化碳当量排放3750万吨,并使750万人受益。山东绿色发展基金的成功落地取得了良好的创新示范效果。

## 一 积极争取国际顶尖机构支持,成功成为国内首个获得GCF资金支持项目

GCF是由《联合国气候变化框架公约》194个缔约方国家于2010年建立的全球性基金,拥有国际上最为严格的绿色标准体系,是国际气候变化领域最有影响力的投资机构,致力于帮助发展中国家适应气候变化。GCF资金的成功获批,使山东绿色发展基金项目成为GCF支持的首个中国项目,获得财政部高度评价,GCF资金的申请成功进一步确认了我国合理利用国际应对气候变化资金机制的发展中国家定位和权利。

## 二 创新国际组织资金使用方式,通过基金模式推动社会资本支持绿色低碳产业发展

通常情况下,国际组织贷款资金多以项目贷款方式运作,资金

来源较为单一，杠杆撬动效果欠佳。山东绿色发展基金通过创新国际组织资金使用方式，借助基金模式的资金放大效应，在充分发挥国际组织资金低成本、长期限优势的同时，调动更多社会资本投入应对气候变化领域项目，打通了社会资本流向绿色低碳领域产业的壁垒，可有效地激发绿色低碳产业发展活力。

### 三 依托国际组织绿色管理经验，构建项目全流程绿色管理体系

山东绿色发展基金依托 GCF 等国际组织绿色管理经验搭建了国际领先的基金绿色管理体系，将项目绿色评估、环境保障、社会保障等绿色管理要求纳入基金运作和项目筛选、实施、退出的各个环节，并通过定期碳减排数据核查等方式持续监督项目绿色运作成效，在为项目提供资金支持的同时，助力提升绿色管理水平。

# 第五章 "双碳"背景下山东省部分地区的绿色金融实践

本章选取山东省内在绿色金融发展方面比较有代表性的城市进行分析,其中包括山东省的双核城市济南市、青岛市,省内黄河流域的代表性城市东营市、滨州市,老工业城市转型较为成功的淄博市,以及沿海城市中正在创建国家级绿色金融改革创新试验区的威海市、积极创建国家级碳达峰碳中和示范区的烟台市。

## 第一节 济南市的绿色金融实践

济南市认真贯彻落实《中共中央 国务院关于完整准确全面贯彻新发展理念做好碳达峰碳中和工作的意见》和《2030年前碳达峰行动方案》精神,将碳达峰碳中和纳入经济社会发展中长期规划、重大区域战略和生态文明建设整体布局,研究起草碳达峰行动方案,谋划建立"1+N"政策体系。其中,将绿色金融作为实现双碳目标的基础性、创新性制度安排,积极引导各类要素资源向绿色领域高效配置,助力全市绿色低碳高质量发展。同时,将绿色金融作为培育绿色发展新动能的关键举措,推动全市产业结构持续优化提升。截至"十三五"时期末,全市能耗强度降低35.8%,煤炭消费降低22.5%,2021年全市"四新"经济增加值比重达37.7%,发展质效进一步提升。

## 一 加强整体谋划,绿色金融政策体系逐步完善

2021年7月,济南市印发《关于贯彻落实发展绿色金融促进生态文明建设和高质量绿色发展有关政策措施的意见》,作为济南市绿色金融领域首个指导性文件,提出构建绿色产业与绿色金融对接机制、鼓励绿色金融产品和服务创新、对绿色贷款进行贴息和风险补偿等14条措施。积极探索绿色金融发展配套政策,指导银行业金融机构将绿色金融纳入中长期战略规划,鼓励机构出台差异化FTP优惠政策,对全市28家法人金融机构定期开展绿色信贷业绩评价,适当增加绿色金融考核权重,引导金融机构提升绿色金融支持经济高质量发展的能力。

## 二 健全管理机制,绿色信贷规模不断扩大

建立完善绿色审批通道,创新融资担保方式,支持银行业金融机构拓展知识产权质押、未来收益权质押等多种抵押担保方式,推广能效融资、节能贷款等绿色信贷产品,推动绿色信贷业务规模不断增长。加大节能环保类项目资金支持,推动信贷资金向节能环保类项目倾斜。严格执行建设项目环境影响评价机制,实行环保达标"一票否决制",压降对高污染行业、环保违规企业的信贷投放。截至2021年末,济南市银行机构支持绿色融资表内信贷余额为2272.74亿元,较年初增加569.44亿元,增幅为33.43%;表外融资(承兑汇票、信用证)余额为12.85亿元。

## 三 发行绿色债券，丰富直接融资手段

①企业债券方面，2021年3月，济南轨道交通集团有限公司获国家全额核准发行30亿元"绿色债券"，主体信用和债券信用等级均为AAA，债券期限为3+3+3年期，票面利率4.35%，主要用于济南轨道交通R2线一期工程项目建设。该债券受到各投资机构的高度认可，簿记时全场申购数量近50亿元，倍数达1.65倍，创济南市企业债券簿记建档倍数最高纪录。2021年济南市被评为全国"企业债券直通车城市"。②金融债券方面，积极探索开发绿色债券、绿色资产担保债券等融资工具，强化资金倾斜力度，满足实体经济直接融资需求。中国农业银行济南分行创新推出绿色债券，为山东电工电气承销绿色超短融3亿元、利率3.19%，用于智能电网特高压变压器、特高压电抗器、多级式换流变压器等清洁能源设备生产。

## 四 建立碳金融重点项目库，提高绿色金融政策工具落地精准性

围绕切实用好碳减排支持工具和支持煤炭清洁高效利用专项再贷款两项政策工具，济南市在清洁能源、节能环保、碳减排技术、煤炭清洁高效利用等10类43个领域挖掘碳金融重点项目，建立碳金融重点项目库，进行滚动接续和动态调整。截至2022年3月，共筛选项目31个，融资需求47.68亿元。济南市20家银行机构中有6家机构申请了前两批碳减排支持工具，共计12个项目、13.2亿元，带动年度碳减排9.3万吨二氧化碳当量。申请项目均集中在清洁能源领域，其中风力发电设施建设和运营项目为11.1亿元，金额占比84%，生物质能源利用设施建设和运营项目为2.1亿元，

金额占比16%。

## 五　用活财政资金，提动社会资本流入绿色领域

推动济南市财政投资基金控股集团与山东绿色发展资本管理有限公司签订《战略合作框架协议》，拟设立山东绿色发展基金济南平行基金支持碳达峰碳中和领域项目建设。由政府发起采用BOT模式，支持"山东省济南新旧动能转换先行区（起步区）污水处理厂PPP项目"入库，总投资达6.38亿元，其中济南新旧动能转换起步区投入财政资金1117.89万元，为绿色市政工程引入社会资本起到了良好示范作用。设立融资担保机构风险补偿资金，对融资担保机构实际发生的代偿损失给予风险补偿，提升融资担保机构支持绿色产业，发展风险化解能力，放大融资担保规模。

济南市作为黄河流域中心城市和沿黄经济大省省会，理应在推动黄河流域生态保护和高质量发展上走在前、作表率。绿色金融兼具推动绿色产业发展和生态文明建设的双重功能，是推动黄河流域生态保护和高质量发展的有力支撑。济南新旧动能转换起步区作为黄河规划纲要明确的唯一实体性新区，肩负着建设绿色智慧宜居新城区、推动黄河流域生态保护和高质量发展的时代重任，绿色金融发挥着重要作用。同时，济南市获批建设全国首个科创金融改革试验区，有条件在科创金融与绿色金融之间搭起"桥梁"，促进绿色技术创新和科技成果的资本化与产业化，助力"双碳"目标的实现。

一方面，强化济南市建设科创金融改革试验区政策支持。科创金融改革试验区总体方案明确提出：发展绿色信贷，支持企业绿色低碳转型及生态环境治理技术和低碳技术的研发。下一步将支持科创金融改革试验区建设，将产业金融和创新资源等要素向济南市集聚，在专项额度、审批权限、机构设立等方面给予政策倾斜，在绿

色科技企业上市、引进特色金融机构等方面给予更大支持，为全省积极探索金融支持绿色发展和科技创新的新模式、新产品、新服务蹚路子。

另一方面，支持济南新旧动能转换起步区打造山东省绿色金融改革示范地和创新策源地。纵观全国绿色金融发展现状，起步早、发展快的地区基本上都是绿色金融改革创新试验区。它们凭借先行先试的制度优势，不断创新金融产品、创新工作机制、创新融资手段，取得了良好效果。下一步将济南新旧动能转换起步区绿色金融摆在服从服务黄河国家战略的高度，在省级层面研究制定起步区绿色金融改革创新发展规划或工作意见，依托其"四区叠加"制度优势，借鉴复制绿色金融改革创新试验区尤其是江西省赣江新区、贵州省贵安新区、甘肃省兰州新区等国家级新区的创新做法，对接先进规则，强化上下联动和省市协同，提高政策的前瞻性、创新性、针对性。

## 第二节 青岛市的绿色金融实践

绿色发展、低碳经济与碳金融体系相辅相成，绿色（碳）金融是新发展阶段下金融服务实体经济的重心所在，是推进绿色经济转型发展的重要抓手。青岛市积极贯彻落实国家、山东省有关决策部署，在绿色金融赛道上抢先发力，助力城市、产业和企业绿色低碳发展。

### 一 青岛市绿色金融发展情况

2020年，青岛市被住建部、中国人民银行、中国银保监会确定为全国首个绿色城市建设发展试点。2021年10月，青岛市出台《关于金融支持绿色城市建设发展试点的指导意见》，部署从推广市场应用模式、设立绿色发展基金、加快绿色企业项目支持、完善绿色信贷产品服务、积极推进绿色债券发展、探索开展绿色保险实践、加大金融财税政策支持7个方面开展工作。2022年2月，出台《关于金融支持生态环境保护和生态环保产业发展的若干措施》，从加强组织领导、金融政策支持、财政政策支持、产业政策支持，以及提升银企对接服务质效、加快企业金融碳账户建设6个方面，进一步发挥金融支持绿色发展的资源配置功能，引导和激励更多金融资源支持生态环境保护和生态环保产业发展。

从部门职能出发，中国人民银行青岛市中心支行、青岛银保监局、青岛证监局及青岛市发展改革、财政、金融、生态环境等部门单位，按照上级决策部署，强化政策引导，加强协同联动，运用货币支持工具，出台多项绿色金融政策文件。特别是，以健全绿色企业银企对接白名单机制为着力点，持续提升减碳企业银企对接服务质效；以建立企业金融碳账户体系为工作突破点，确保信贷支持真减碳、可核查；以金融机构创新绿色信贷产品为工作推动点，湿地碳汇贷、茶园碳汇贷及建筑节能改造保险项下的"建筑减碳贷"等多种创新绿色融资模式全国首单在青岛市落地，全市金融服务绿色发展水平持续提升。2021年末，全市银行机构绿色贷款余额为2385.5亿元，同比增长49.7%，高于各项贷款增速35个百分点。

第一，发挥好货币政策引导作用。一是央行资金使用优先保障绿色项目。在再贷款再贴现额度内，中国人民银行青岛市中心支行指导有关金融机构，优先将资金用于支持绿色减碳项目，确保降低绿色项目和企业融资成本。2021年，累计向绿色项目企业发放再贷款7.9亿元，占总发放金额的2.75%。二是建立货币政策工具支持重点企业名单库。中国人民银行青岛市中心支行会同发展改革、生态环境等行业主管部门,明确重点支持企业,入库企业签发、承兑或持有的票据办理贴现或再贴现时,优化操作流程提速增效。三是推动企业贴现利率下行。青岛地方法人银行如青岛银行,积极运用中国人民银行再贴现优惠,对符合绿色票据产品"绿票通"要求的票据贴现最高给予30基点的利率优惠,目前已为30余家绿色企业节省财务成本800余万元。四是推动碳减排支持工具迅速落地。全国性银行驻青岛分支机构积极向其总行申请额度,快速对接清洁能源、节能环保和碳减排技术等领域项目企业,切实发挥好总行新设货币政策工具的支持作用。2021年,全市累计4家金融机构运用碳减排支持工具,向6家企业发放贷款4.8亿元。

第二,持续提升绿色金融服务水平。一是完善绿色金融产品体系。中国人民银行青岛市中心支行指导银行机构将碳排放权、碳汇、排污权、用能权等8种绿色权益纳入合格抵(质)押物,创新绿色信贷产品。兴业银行青岛分行以胶州湾湿地碳汇为质押,向青岛胶州湾上合示范区发展有限公司发放贷款1800万元,专项用于企业购买增加碳吸收的高碳汇湿地作物等以保护海洋湿地,成为全国首单湿地碳汇贷,中国民生银行等5家银行机构发放17笔碳排放权配额质押贷款,为全市近八成拥有全国碳排放权资格的企业提供资金支持。二是加大减碳企业正向激励。将金融机构向碳减排企业发放贷款利率水平纳入考核,推动减碳企业融资成本下行。上海浦东发展银行发放全国首单植被修复领域碳中和挂钩贷款500万元,在企业贷款价格设定中加入特殊约定条款,将融资利率与企业植被修复及固碳能力提升相挂钩。三是优化审批流程。驻青岛银行机构持续优化审批流程,扩大分行级别绿色信贷审批权限,目前已有6家银行机构成立绿色贷款专业审批团队,建立了绿色信贷审批快速通道，积极协调解决贷款额度、支持保障绿色贷款投放。

第三，加大直接融资支持力度。一是地方法人银行业金融机构加快发行绿色金融债。自2016年以来，青岛市法人银行业金融机构共发行110亿绿色金融债券，其中，青岛银行作为全国首批绿色金融债券试点机构之一，发行80亿元绿色金融债券，发放省内首笔碳中和信用贷款；青岛农商行发行30亿元绿色金融债券。二是银行业金融机构积极探索承销各类绿色创新型融资工具。2021年，平安银行青岛分行和青岛银行为青岛地铁集团承销发行了山东省内首单碳中和债券5亿元，兴业银行青岛分行为青岛地铁集团承销发行了碳中和债券7.5亿元。三是注重"蓝绿结合"。在推动绿色金融发展时，注重结合青岛市实际，努力将海洋发展和绿色金融有机结合起来，2020年兴业银行青岛分行成功为青岛水务集团在银行间市场承销发行了3亿元蓝色债券，为全国首单蓝色债券，募集资金全部用于海水净化淡化项目建设。

不过，青岛市在推进绿色金融过程中仍面临一些困难，如一些企业反映，碳排放信息披露滞后，生态环境部《碳排放权交易管理办法（试行）》《企业环境信息依法披露管理办法》，明确要求控排企业依法披露碳排放信息。但受制于碳核查工作流程长、企业基础能力不足等因素，相关信息需在产生后12—15个月才能对全社会公开，造成信息共享不及时。

还有一些金融机构认为，环保信息来源不畅影响了绿色投资。绿色项目涉及较多的环境和社会风险信息，迫切需要加强与外部的系统对接和数据共享。目前，生态环境部、工信部、住建部等政府部门发布的信息，以及电力、能源公司的相关企业数据信息，发布渠道不一、时间分散，金融机构获取绿色项目信息、客户环境风险和节能减排信息难度较大，一定程度上影响了对企业绿色信贷风险判断的准确性。

此外，碳金融惠及范围不足，目前纳入全国碳排放权交易范围的仅有发电行业，而石化、建材、钢铁、化工等行业尚未正式发布配额核定办法，热力、轮胎制造等高耗能行业不在覆盖范围内。在碳达峰碳中和政策背景下，这些行业同样存在较大的绿色信贷需求，但因未获得正式的碳排放配额而暂时无法享受碳金融红利。

下一步青岛市在助力绿色金融方面将采取以下措施：一是多部门联合细化政策支持范围。目前，碳减排支持工具的业务使用范围为清洁能源、节能环保、碳减排技术三个碳减排领域，其中碳减排支持口径要求比较精准。中国人民银行青岛市中心支行等将会同有关部门进一步明晰碳减排支持工具具体操作和实施细则，针对不同的融资品种给予明确的界定范围。二是加大对金融机构的业务指导和培训。中国人民银行青岛市中心支行会同行业主管部门加大对碳减排支持工具政策相关培训，加强政策指导，使各金融机构相关信贷人员更好传导政策，提升其对政策的理解把握，推动碳减排工具更好支持绿色发展。三是推动建立全市碳减排重点领域项目白名单。中国人民银行、银保监会、国家发展改革委、财政部、金融委、生态环境部等部门，联合梳理碳减排重点领域项目名单和企业（项目）融资需求，通过中国人民银行融资服务平台定期推送给金融机构，组织金融机构持续走访对接，加大对碳减排项目和企业的信贷支持力度。

## 二 青岛市财政金融联动助推绿色低碳转型的做法与成效

近年来，青岛市在完善绿色金融服务体系、开展绿色产品服务创新、推动绿色项目融资等方面，推出了一系列财政金融协同联动的创新举措，助力全市绿色低碳高质量发展，初步探索出了具有青岛特色的财金协同促进绿色金融的发展模式和发展路径。

一是发挥政府引导基金提动作用，参股设立绿色产业基金。青岛市政府引导基金已参股设立15只主投节能环保、新能源新材料等绿色产业基金，总规模达138亿元。其中，联合三峡资本设立50亿元的三峡绿色基金、联合国家电力投资集团设立30亿元的中俄能源基金、联合中金资本设立14.574亿元的山东绿色基金。这些基金已累计投资130多个节能环保、新能源新材料项目，投资额超过44亿元。同时，以基金招引项目，引入山东新创绿能新能源科技有限公司等3家绿色低碳企业，推动拉长产业链条、补齐短板，助力打赢蓝天、碧水、净土保卫战。

二是完善政府融资担保体系，为小微企业和"三农"绿色信贷担保增信、建立覆盖全市的政府性融资担保体系，创新资本金补充、再担保风险补偿、担保费补贴、业务奖补财政"四补"机制，引导担保机构加大对绿色环保等领域的小微和"三农"主体担保增信支持力度。2021年7月成立青岛融资再担保有限责任公司，为绿色能源、智能制造等领域企业提供信用担保，截至2022年2月，担保金额合计5463万元，平均担保费率为1%，平均贷款利率为3.9%，担保费率、贷款利率远低于市场水平。

三是推广政府和社会资本合作（PPP）模式，吸引社会资本参与绿色领域建设。在全市推广运用PPP模式，鼓励将节能减排降碳、生态环保等绿色项目与有经营性收益的项目整合。截至2022年2月，全市绿色领域PPP项目7个，总投资为63亿元，采用绿色先进技术或运用绿色设计理念，取得了良好的生态效益、经济效益和社会效益，如小涧西生活垃圾焚烧二期项目先后入选财政部第三批示范项目、国家发展改革委绿色政府和社会资本合作（PPP）项目典型案例。

四是利用政府债券资金，支持绿色领域发展。统筹安排新增债券资金，探索发行生态环保领域专项债券，用于支持节能环保、污染防治、生态环境修复等有一定收益的公益性绿色项目。2021年，安排14.06亿元专项债券资金投向2个生态环保领域项目建设，带动总投资42.7亿元，尤其是中国北方环保产业基地项目使用专项债券资金13.56亿元，打造节能环保技术和产品的交易、解化平台，布局多方位多领域的环保产业链。

五是加大企业上市培育，支持绿色产业企业股权融资。通过举办资本市场培训、建立高企上市培育库、提高上市补助标准等，积极推进青岛绿色企业挂牌、上市。对拟在国内主板、创业板、科创板、北交所上市的企业，根据上市进程分阶段给予最高400万元补助，对在全国中小企业股份转让系统挂牌的企业，给予120万元的一次性补助，对在区域性股权交易市场挂牌并实现直接融资的，年度给予最高50万元奖励。2021年推动冠中生态、青达环保、德固特3家政府引导基金参股的绿色企业上市。

## 三　青岛西海岸新区开展应对气候变化投融资试点

2020年10月，生态环境部等五部委印发《关于促进应对气候变化投融资的指导意见》，青岛市积极推动西海岸新区开展应对气候变化投融资试点相关争创工作，2021年2月由省政府函报生态环境部正式申报试点，目前试点工作已取得了阶段性进展。

一是加强组织领导对上积极争取。青岛市委、市政府高度重视、统筹协调推进，将试点纳入全市"十四五"规划和支持青岛西海岸新区进一步深化改革创新、加快高质量发展的措施清单，成立了由青岛市生态环境局、青岛市发展改革委、中国人民银行青岛市中心支行、青岛银保监局、青岛证监局、青岛银行等9部门组成的试点工作指导小组，西海岸新区成立了由工委、管委主要负责同志为双组长的试点工作领导小组，组建综合协调、项目筛选、政策研究、企业对接、中欧气候投融资推进、战略合作6个试点工作专班，全力推进试点申报和实施工作。

二是会同专业机构编制工作方案。委托中央财经大学绿色金融国际研究院等单位编制了《青岛西海岸新区气候投融资试点实施方案》，该方案作为试点申报材料，已呈送生态环境部进行专家评审。同时，根据国家最新指导意见制定细化的《青岛西海岸新区气候投融资试点工作方案》，为试点实施工作提供指引。目前上述方案已完成编制，作为试点申报支撑材料于2021年11月正式上报。

三是搭建气候投融资项目库。根据国内外气候投融资标准体系，结合青岛西海岸新区的条件和特点，创新应对气候变化的投融资模式、组织形式、服务方式和管理制度，研究青岛市气候投融资标准体系，开发多元化的气候投融资工具，搭建气候投融资项目库。目前已对征集到的100多个项目进行两轮遴选，兼顾减缓气候变化和适应气候变化，遴选出以风电、光伏、氢能、绿色建筑为代表的41个项目，初步搭建起气候投融资项目库。

四是强化财政金融支撑。西海岸新区管委与山东发展投资集团签订《合作打造国家气候投融资试点战略协议》，利用山东省绿色发展基金的国际金融组织贷款，支持西海岸新区的气候投融资项目建设，基金总规模达100亿元。青岛市生态环境局与青岛银行签署《低碳环保金融综合服务战略合作协议》，深化在气候投融资领域的合作，银行机构积极开发气候信贷及相关金融产品，向西海岸新区项目投放，如青岛银行"碳贷通"业务，为新区的新能源公交项目发放1000万元贷款。兴业银行、民生银行为青岛海西热电有限公司、青岛恒源热电有限公司等企业发放贷款，成为全省首批碳排放权质押贷款业务。

五是打造中欧绿色投融资合作示范区。2021年7月10日，围绕"以气候投融资助推产业发展"主题，青岛西海岸新区在北京举办中欧气候投融资暨ESG国际合作会议，国家部委和省有关领导出席会议，标志着示范区建设正式启动。2021年9月6日，在北京市举办2021国际健康与环境发展论坛暨中国—北欧可持续城市发展合作会议，与国际健康与环境产业联合会、丹麦绿色国度协同合作，积极推进"中丹绿色技术创新中心""中丹零碳岛"等平台及项目的落地、实施。力争以唐岛湾金融科创区为核心区、青岛西海岸新区为辐射带动区的国际示范区，以服务绿色投资为核心战略，建立产融研一体化的四大基地，打造千亿级国际绿色产业集群。

下一步，青岛市将跟进落实国家和省气候投融资最新部署要求，抓紧做好试点评审各项准备工作，争取试点尽快获得批复，在气候投融资领域走在前列。

一是做好试点评审准备。按照生态环境部关于试点评审的标准细则，突出青岛市在转型金融、海洋、适应气候变化工作方面的特色优势，有机衔接青岛市碳达峰行动方案和应对气候变化"十四五"规划，扎实推进试点评审的准备工作。

二是加快项目遴选实施。总结项目遴选第一阶段工作经验，对照中国环境科学学会气候投融资专委会提出的《气候投融资项目分类指南》团体标准，启动项目遴选第二阶段工作，挖掘绿色低碳战略性新兴产业项目潜力，在新型基础设施建设、近海和海岸带生态保护、现代化农业、防灾减灾等重点领域，储备一批适应气候变化项目。同时，加快推动美锦氢能科技园、中德未来城等第一阶段代表性项目落地，形成示范带动效应。

三是丰富气候信贷和金融产品。支持引导信贷资金优先向西海岸新区具有减排效益和气候韧性的项目投放，精准对接企业需求，进一步支持银行机构扩大碳排放权质押贷款覆盖范围。开发湿地碳汇、林业碳汇、海洋碳汇贷款与碳中和主题理财产品，发挥财政资金带动效应，引导社会资金参与青岛市和西海岸新区气候治理，探索开展气候再保险在海洋防灾减灾方面的应用，打造适应气候变化试点示范。

四是拓展中欧国际合作。拟请生态环境部和省政府作为论坛主办单位，支持青岛市举办"中欧环境与气候高层对话"唐岛湾论坛。论坛拟邀请国家部委代表、欧盟相关代表，全球主要交易所、高校校长及两院院士、跨国金融机构及企业代表等出席，实现政府、企业、金融机构、科研机构、第三方服务机构广覆盖。计划设置1个主论坛、8个分论坛、1个展会共10个版块，预计有中国—丹麦零碳岛等超过18个合作项目签约。通过构建具有国际影响力的气候投融资合作平台，助力青岛市运用投融资工具打造支撑碳达峰碳中和的城市样板。

## 第三节 山东省沿黄地区的绿色金融发展实践

黄河流域生态保护和高质量发展战略对于山东省而言意义重大，作为黄河流域的龙头，本节选取山东省沿黄地区在绿色发展领域具有一定特色的城市进行介绍，分别为黄河入海口所在地东营市、黄河三角洲中心城市滨州市、黄河流域老工业城市淄博市。

### 一 东营市的绿色金融发展实践

2021年习近平总书记在山东省东营市考察黄河入海口，作出一系列重要指示，国家相关部委和山东省委、省政府在政策等方面给予大力支持，特别是黄河流域生态保护和高质量发展重大国家战略的深入实施，《黄河流域生态保护和高质量发展规划纲要》中58项"东营元素"亟待落地落实，东营市高水平现代化强市建设迎来重大发展机遇。从自然基础条件来看，东营市拥有黄河三角洲湿地生态系统，生物汇碳潜力巨大，随着全国碳交易市场的成熟，特别是2021年，东营市先后被确定为全国自然资源领域生态产品价值实现机制试点城市、山东省排污权有偿使用和交易试点城市，为发展绿色金融也提供了有利契机。

近年来，东营市加快新旧动能转换步伐，积极发展绿色金融业态，推动绿色金融业做大体量、提升质量，绿色金融业实现稳步有序发展。截至2021年末，东营市绿色贷款余额为198.7亿元，同比增长60%，绿色贷款在全部贷款中占5.8%，提高2.4个百分点。从贷款投向来看，节能环保、清洁生产、清洁能源、生态环境、基础设施绿色升级等产业及绿色服务贷款余额分别为13.6亿元（占比6.84%）、9.15亿元（占比4.6%）、77.84亿元（占比39.2%）、51.1亿元（占比25.72%）、46.8亿元（占比23.55%）和0.17亿元（占比0.08%）。从承贷主体来看，单位贷款余额为198.2亿元，占99.7%，个人贷款余额为0.55亿元，占0.3%。从投放机构来看，绿色贷款投放较多的有中国农业发展银行（40.5亿元）、中国建设银行（36.1亿元）、中国工商银行（32.4亿元）、兴业银行（25.4亿元）及中国邮政储蓄银行（13.8亿元）。

一是积极开展金融服务排污权有偿使用交易试点和自然资源领域生态产品价值实现机制试点探索研究。中国人民银行东营市中心支行协同生态环境部、自然资源部等部门，针对解决排污权抵押贷款、碳排放权抵押贷款制约因素，提供贷款操作指导，东营银行向

## 第五章 "双碳"背景下山东省部分地区的绿色金融实践

大明集团发放东营市首笔碳排放权质押贷款 2000 万元，东营市工行主动对接碳减排重点领域相关企业融资需求，首批为大唐东营发电有限公司上报符合央行碳减排支持工具 2396 万元，贷款可带动减排二氧化碳 2546 吨。东营市被自然资源部批复为自然资源领域生态产品价值实现机制试点城市后，中国人民银行东营市中心支行与东营市自然资源和规划局等相关部门协同开展金融支持生态产品价值实现机制方面研究。兴业银行已与东营市财金投资集团围绕湿地碳汇质押贷款合作进行接洽，目前正在积极推进。

二是积极探索绿色信贷体系。引导金融机构结合绿色信贷指引要求，普遍建立起绿色信贷机制。中国银行东营分行运用碳减排支持工具助力绿色信贷发展，并提高绿色信贷考虑分值，强化绿色信贷导向。中国建设银行东营分行在 KPI 绩效考核方案中提高绿色金融考核权重，对绿色贷款做出突出贡献的团队和个人予以专项激励。

三是积极推动银行机构创新信贷产品。兴业银行落地山东省首单"绿创投"模式清洁发展基金项下融资性保函业务，向东营富海能源油气光电能源站项目提供 5 年期贷款 6900 万元，为中电建（东营）投资发展有限公司建设的北二路沿线及金湖银河片区综合开发 PPP 项目发放项目贷款 4.93 亿元，实现基础设施绿色升级贷款的新突破。中国农业银行创新推出"生态保护贷款"，向经政府授权或委托从事生态保护工程的借款人放贷，满足生态保护中的融资需求，推动解决生态环保领域抵押难题；东营银行加大"光伏贷"推广力度，年末余额增至 1.25 亿元。

四是积极推进绿色债券业务。前期，东营市财金投资集团拟注册发行额度不超过 64 亿元的碳中和金融债，用于其子公司东营辉阳清洁能源有限公司 500 兆瓦（三期）农光互补太阳能光伏发电站项目和渔光互补五期1500兆瓦太阳能光伏发电站项目建设,主承销商为兴业银行,业务已于2022年初落地。

五是严控绿色金融领域风险。指导金融机构对高耗能企业、新旧动能转换企业实行名单制管理,督导银行业金融机构有针对性地淘汰落后及过剩产能行业贷款。截至2021年末,东营市环境、安全等重大风险企业贷款余额为1.49亿元,较年初减少7.66亿元,降幅83.76%,目前已基本出清。

## 二 滨州市的绿色金融发展实践

滨州市是山东省内沿黄流域的重点城市,属于黄河冲积平原,素有"渤海之滨、黄河之州"之称,虽然金融发展基础薄弱,但自黄河国家战略实施以来,滨州市紧抓机遇,高度重视绿色金融发展,取得了积极成效。

一是制定发展规划,完善绿色金融工作机制。为贯彻落实党中央国务院关于碳达峰碳中和的决策部署,聚焦滨州市"双型"城市建设和"83"工程①,中国人民银行滨州市中心支行、滨州市发展改革委、滨州市生态环境局、滨州市地方金融监管局、滨州银保监分局联合印发《滨州市绿色金融高质量发展实施方案》,推动全市绿色低碳发展,中国人民银行滨州市中心支行成立绿色金融工作专班,引导金融机构深化绿色金融体制建设,制定绿色金融工作实施方案,成立绿色金融事业部和绿色信贷工作领导小组,加大绿色项目倾斜力度,绿色贷款实现了节能环保产业、清洁生产产业、清洁能源产业、生态环境产业、基础设施绿色升级和绿色服务绿色贷款

---

① "83"工程:8是指八项重点,即规划引领、国家战略、双型城市、产业升级、改革开放、乡村振兴、营商环境、民主保障;3是指每项工作按重大工程、重点项目、重要事项进行分解落实。

专项统计制度下六大类行业贷款全覆盖。

二是搭建产融对接机制，加大绿色产品创新。根据地域绿色产业特点，编制《滨州市绿色金融特色信贷产品汇编》，推介滨州市可再生能源和碳排放企业名单。建立碳金融重点项目库，搭建"政府+金融+企业"绿色金融融资平台，引导银行机构精准对接。将生态环保企业和碳减排重点领域企业纳入金融辅导范围，进一步扩大绿色金融辅导范围，有效破解了企业融资需求。发挥货币政策工具牵引带动作用，通过碳排放权抵质押贷款、再贷款再贴现减碳引导、碳减排支持工具等政策鼓励金融机构创新信贷产品，帮助绿色项目和企业拓宽融资渠道。例如，中国建设银行滨州分行为愉悦家纺有限公司发放首笔第三方碳排放权质押融资贷款2400万元；中国邮政储蓄银行滨州分行落地碳减排支持贷款5000万元。

三是建立绿色金融正向激励机制。按季实施绿色金融评价，将碳减排支持工具资金使用情况作为银行业金融机构年度综合评价、央行资金使用等的重要参考依据，支持符合条件的碳减排重点领域企业发行绿色债券。引导金融机构发挥考核激励机制导向作用，将绿色信贷投放情况纳入综合绩效考核体系。如中国工商银行滨州分行建立绿色环保准入机制，坚决落实绿色信贷一票否决。

四是加强政策宣传解读，增强绿色金融动力。通过"点、线、面"多维度宣传，及时推介政策要点，加大银企对接力度。线上通过微信宣传碳减排支持工具，线下通过发放绿色金融政策明白纸，开展"3511"工程①县区行，搭建银企融资产品及汇率避险产品交

---

① "3511"工程是指将50家企业纳入"白名单"，通过政府信用为企业背书，对企业进行金融支持；将50家企业纳入"黑名单"，分类推进司法处置；将50家企业纳入"待增信"名单，政府、银行增信帮扶，改善企业融资环境；打击一批逃废银行债务典型，维护保障金融经济秩序；建设一个产融综合服务中心，提供多元化融资、增信服务。五项工作同时发力，以点带面，全面营造诚信金融环境。

流平台，为绿色外贸企业对接汇率避险工具，帮助银行和企业了解与运用融资政策，举办绿色知识大讲堂、企业讲堂、绿色企业"一对一"讲堂等活动，提高银行绿色金融意识，提升从业人员能力和水平。

五是强化财政涉企资金"绿色门槛"制度。对企业实施差别化支持政策，倒逼企业主动落实环保责任，走高质量、高效益、低污染的绿色发展之路。2021年，滨州市共有4408家企业获得11.37亿元财政支持资金，其中：生态环保类，对25家遵守节能环保法规、符合绿色发展和新旧动能转换的企业和项目支持财政资金2285.3万元，包括支持新能源、新材料项目的企业3家，支持财政资金327.87万元；自愿减排项目的企业19家，支持财政资金159万元；主动降低污染排放项目的企业3家，支持财政资金1798.43万元。在项目申报时，经审核有5家企业不符合"绿色门槛"要求，不予支持企业申请财政资金1365.08万元。

虽然近年来滨州市在绿色金融领域做出了积极的探索，但是与省内先进地市相比，创新种类和业务规模上仍有较大差距，且自主创新性业务较少、模仿性业务居多。尤其在绿色金融债券发行方面，滨州市缺少城市商业银行，农村商业银行受历史因素和区域环境影响，多以存贷款业务为主，绿色金融债券发行受到制约。同时，有的银行机构存在绿色发展理念滞后、战略规划不清晰、管理体制不健全等短板，一定程度上制约了绿色金融创新和服务能力的提升。

## 三 淄博市的绿色金融发展实践

近年来，淄博市紧紧围绕贯彻落实中央碳达峰碳中和重大决策部署和省委工作要求，立足老工业城市转型发展实际，着眼长远、

## 第五章 "双碳"背景下山东省部分地区的绿色金融实践

兼顾当前,通过深化绿色金融体系建设、实施"绿色门槛"制度、创新绿色金融产品等方式,积极引导企业、金融、社会资本加大环保领域投入和信贷投放力度,持续推动经济社会绿色低碳高质量发展。

一是实施技改专项贷,创新破解融资难题。立足淄博市发展实际,紧紧围绕传统产业转型升级,以"五个优化"[①]为主攻方向,制定《淄博市高水平技术改造市级财政支持政策》,在全国地市级层面首创推出"技改专项贷",对在淄博市注册的工业企业,实施环保改造等技改项目,由齐商银行提供最长3年、最高5000万元的技术改造专项贷款,市级财政给予40%、60%、80%分档贴息,市级政府性融资担保机构提供全额、零费率政策性担保。2021年,全市共为168个项目发放"技改专项贷"21.66亿元,发放财政贴息2523.14万元,拉动技改总投资241.9亿元。在此政策加持下,2021年全市工业技改、制造业技改投资分别增长了22.5%、27.3%,均居全省第3位。

二是强化金融要素供给,加大绿色信贷投放。在全省建立首家金融支持绿色企业与项目库,为金融机构精准对接绿色企业和项目提供支撑,截至2021年末,入库企业68家,金融机构对库内企业项目授信总额达387.35亿元;绿色项目入库55个,贷款余额为46.46亿元、其他融资余额为8.18亿元,分别比年初增长163.08%和232.52%。探索开展碳质押、绿色企业未来收益权质押贷款等业务,发放全省首笔废弃矿坑综合治理专项贷款,联合开展了由法国开发署提供贷款支持的"绿色智慧供热项目",推出环境污染责任保险、气候保险等创新型绿色保险产品和绿色资产ABS业务,积极

---

① "五个优化"是指优化提升技术工艺、优化拓展产品体系、优化提高产品质量、优化完善产业链、优化提升产业链。

推动开展"新动能可转债"等绿色证券产品。加大绿色金融产品研发力度,创新推出绿色信贷新产品"齐银碳达贷",重点投向节能环保、清洁生产、清洁能源、生态环境、基础设施绿色升级和绿色服务等领域,盘活企业碳资产,针对国家生态环境部门纳入碳配额管理的首批发电企业,创新担保方式,以碳排放配额作质押发放贷款用于企业节能减排,并成功发放淄博市首笔碳排放权质押业务。建立绿色金融业务绿色通道,对于投向绿色产业的融资申请,优先调查、优先审批、优先分配信贷规模,保证绿色产业率先高效获得信贷资金支持。截至2021年底,齐商银行绿色贷款余额为27.6亿元,当年新增16.9亿元,增长157.94%。其中,淄博地区绿色贷款余额为16.40亿元,当年新增6.73亿元,增长69.6%。

三是实施绿色门槛制度。优化支出结构、全面落实财政涉企资金"绿色门槛"制度,科学合理安排年度预算,将有限的财力重点投向"绿色、低碳、环保"领域。实施企业绿色发展等一系列差别化支持政策措施,倒逼、引导企业主动加严节能环保标准、减少污染排放、实施绿色发展。自2021年以来,兑现企业技改设备补助和VOCs(挥发性有机化合物)治理补助1.92亿元;严格把关资金流向,剔除资金分配方案中7家存在超标排放、严重环境违法违规的企业,审减"绿色门槛"不达标企业申请的财政扶持资金390万元。建立完善容错机制,鼓励企业积极整改自身的环境违法行为,2021年,4家企业经过积极整改,重新获得财政扶持资金457.24万元。

四是设立环保产业基金,有效补齐短板弱项。2020年7月,淄博市设立认缴总规模达10亿元的淄博环保产业基金,主要投向生态环保、新材料、高端装备制造等领域,具体包括但不限于大气烟气、颗粒物、清洁能源替代等方面的优质企业和项目。通过该基金链接深圳市深赛尔股份有限公司,引进 VOCs 先进治理技术,帮助淄博市 VOCs 问题突出企业提出解决思路、支持开展 VOCs 治理,截至目前已与淄博市多家相关企业达成合作意向。

五是申建省级绿色金融改革创新试验区,打造区域绿色金融样板。近年来,淄博市博山区产业结构持续优化,绿色产业发展提档加速,绿色金融工作基础良好。2021 年 7 月,淄博市向山东省政府提报《关于博山区创建省级绿色金融改革创新试验区的请示》,随后博山区进入山东省首批 3 家(威海荣成市、临沂罗庄区、淄博博山区)申创县(市、区)意向名单。

## 第四节 山东省沿海地区的绿色金融发展实践

威海市和烟台市是山东省沿海地区中经济发展较好的城市,近年来威海市一直在积极创建国家级绿色金融改革创新试验区,烟台市也在打造国家级碳达峰碳中和示范区。本节重点介绍这两座城市的绿色金融发展情况。

### 一 威海市的绿色金融发展实践

威海市地处山东半岛东端,与日韩隔海相望,生态环境优良、产业基础良好。近年来,威海市委、市政府把加快推进绿色发展作为工作重点,提出了打造全省领先的低碳经济发展示范区的目标,并把绿色金融作为推动绿色发展与经济高质量发展的重要工具,不断为全市生态文明建设注入活力。

在发展绿色金融方面,威海市具备一定的优势基础。

一是生态环境优良,发展绿色金融具备良好的资源禀赋。威海市始终坚持生态立市，把环境保护置于优先地位，环境空气质量全省第一，是省内唯一连续六年稳定达到国家二级标准的城市，近岸海域水质优良比例达100%。生态环境领域的国家级荣誉基本囊括，完成全国首个"美丽城市"建设试点任务，先后入选全国"城市双修""无废城市"等试点，实现国家生态文明建设示范区市域全覆盖，生态比较优势日益彰显。同时，海洋资源丰富，全面实施海洋增汇活动，将为海洋碳汇金融市场带来巨大资源。

二是产业结构轻型，发展绿色金融具备良好的产业支撑。2021年，全市三次产业结构比重为10.1∶39.1∶50.8，"三二一"的产业结构日益巩固。相比于全省，威海市的产业结构一直相对轻型，生产方式相对绿色，在34个工业行业大类中，没有电解铝、钢铁、地炼、焦化等"粗老笨壮"行业，高耗能企业、重点污染单位数量全省最少，生态工业园区数量居全省首位，能耗总量全省最低，仅占全省的2%，2021年单位GDP能耗降低率考核全省第一，获批建设国家创新型城市，高新技术产业产值占比67.1%，居全省首位。

三是金融生态较好，发展绿色金融具备良好的行业基础。近年来，威海市金融业运行稳健，金融总量平稳增长，融资结构不断优化，主要指标增速高于全省平均水平，近三年来各项贷款年均增长17.1%，存贷款余额分别突破5000亿元和4000亿元大关。不断深化地方金融改革，设立全省首家民营银行，全市现有银行机构31家、保险机构54家、证券期货分支机构30家、地方金融组织58家，金融服务体系日益健全。金融风险趋于收敛，连续8个季度无高风险机构，不良贷款规模和比率稳居全省前三低位，2021年末全市不良率为0.73%，居全省第二低位。随着"双碳"工作的全面贯彻落实，碳排放权交易不仅是在发电行业，在钢铁、造纸等八大行业也将开展碳排放权交易，威海市碳配额也随之增加，碳配额抵押等金融市场也会随之加大。

近年来，依托良好的绿色发展基础，威海市以争创国家绿色金融改革创新试验区为抓手，大力发展绿色金融，并取得了阶段性成效。

一是深化地方绿色金融改革实践。科学谋划绿色金融改革试点路径，在全省率先出台《关于发展绿色金融服务生态文明建设和高质量绿色发展的实施意见》，起草国家绿色金融改革创新试验区总体方案，方案文本和编制说明已经上报至中国人民银行总行。健全完善地方性绿色金融标准，探索构建符合威海市实际的绿色信贷统计、管理和评价制度，在全省率先印发《绿色贷款统计操作指引（试行）》，引入118项国家通用标准和技术规范，为金融机构精准识别绿色企业和项目、开展融资机制和金融产品创新提供技术支持。鼓励有条件的区市和金融机构先行先试，指导荣成市争创省级绿色金融改革创新试验区，推动威海市商业银行成为全省首家"赤道银行"，荣成农商行率先成立绿色金融事业部，并在全省地方法人银行中首家披露环境信息报告。

二是深化绿色金融与产业融合发展。积极落实2021年财政部出台的《商业银行绩效评价办法》，将"绿色信贷占比"纳入绩效评价体系，引导商业银行更好服务于国家生态文明战略。按季度组织10家地方法人银行开展绿色金融评价，引导加大绿色贷款投放力度。建立并动态调整绿色产业项目库，在库项目达112个；根据行业标准和通用标准对绿色企业进行认定，筛选"深绿"企业19家、"浅绿"企业62家。创新运用货币政策工具，全省首批2笔、9700万元再贷款减碳引导项目落地威海市，荣成市"支持再贷款减碳引导项目"入选全省优化营商环境创新案例。鼓励金融机构以碳排放配额、碳汇未来收益权、新能源发电补贴等为质押，为绿色产业发展提供融资支持。截至2021年末,全市绿色贷款余额为367.4亿元,同比增长47.7%。以科技型和绿色企业为重点,强化上市后备资源培育,将201家企业纳入后备资源库,推动加快对接多层次资本市场。在全市16家境内外上市公司中,信息技术、先进制造、新材料等绿色领域企业占比超过七成,推动碳减排支持工具和煤炭清洁高效利用专项再贷款落实落地,按要求上报碳金融重点项目库申请表,获得上级碳减排支持工具落地支持项目2个,贷款金额4.81亿元。下一步将加强后续跟踪监测和调研,及时发现解决工具落地中存在的问题和困难,推动更多的企业项目享受碳减排支持工具和煤炭清洁高效利用专项再贷款支持。

三是深化绿色金融产品和服务创新。大力推进绿色债券和基金融资,推动威海市商业银行发行20亿元绿色金融债券,累计为省内外65个项目提供68.2亿元资金支持,主要投向生态农牧渔业、自然生态保护、林业开发及环境修复工程等领域;推动威高股份在香港发行10亿元绿色债券,是全省首支境外人民币计价绿色债券。发挥政府引导基金作用,设立山东中泰齐东世华节能投资基金,已对外投资10个项目,金额为1.82亿元。拓展绿色保险覆盖面,积极推动保险公司承保环境污染责任险、船舶污染责任险等绿色险种,累计提供风险保障金额246.8亿元。在全国率先构建"信财银保"联动机制,整合专项资金,设立企业信用保证基金,为诚信企业融资免费提供担保增信,引导银行为企业提供信用贷款或部分抵质押贷款,有效解决企业融资难题。2021年,在评级模型中增加环保领域联合奖惩指标,帮助绿色小微企业合理提升评级资质。同时,创新"双向抢单"模式,通过引入竞争降低绿色企业融资成本,截至2022年3月,"信财银保"平台已吸引250余户绿色小微企业入驻、累计获得贷款18亿余元。发挥保险支农惠农作用,在全国首创"病死畜禽无害化处理与保险联动机制","保处联动"威海模式获农业农村部肯定。率先发展"蓝碳经济",在全国首个印发《威海市蓝碳经济发展行动方案（2021—2025年）》,建成全省首个海洋牧场"零碳"智慧用能示范区。推动荣成农商行以海带等海产品养殖每年产生的减碳量远期收益权为质押,发放全国首笔"海洋碳汇贷",助力海洋生态产品价值实现。落实分行再贷款、再贴现减碳引导政策要求和额度,强化再贷款、再贴现对金融机构绿色低碳领域信贷投放的引导,自2021年以来,运用再贷款发放减碳引导项目贷款1.62亿元,办理绿色票据再贴现8.45亿元。

此外,威海市在创建国家级绿色金融改革创新试验区的过程中,形成了一批很好的典型案例。

一是积极支持威海市发电行业开展碳排放交易配额抵押信贷。按照生态环境部、省生态环境厅统一部署要求,威海市共有15家发电行业企业参与了2019年至2020年第一个履约周期碳排放权交易。威海市共有8家企业配额有盈余,共盈余约369.2万吨二氧化碳;7家企业配额有亏缺,共亏缺约25.6万吨二氧化碳。截至2021年12月27日,威海市15家发电行业企业已全部完成第一个履约周期配额履约清缴工作,共完成配额清缴约3058.31万吨二氧化碳。其间,有部分发电企业咨询并开展了碳排放配额抵押贷款事宜。

二是推动商业银行开展绿色金融产品创新,威海市商业银行办理首笔林业碳汇收益权质押贷款。威海市商业银行于2021年7月办理了山东省银行业首笔"林业碳汇预期收益权"融资业务,金额为2700万元。林业碳汇收益权质押贷款是为从事林木培育、种植或管理的企业专门设计的创新信贷业务,是响应碳达峰碳中和政策引导,推出的金融支持乡村振兴的重点产品,具有"快审快贷"的优势，可有效盘活林业产业的碳汇收益，助力林业产业可持续发展，提高林业固碳能力。威海市商业银行根据企业经营特点和资金需求，以植树造林产生的收入作为还款来源，以预期林业碳汇收益权质押作为增信措施，为企业提供了有效信贷支持。中国农业银行威海分行创新推出"助威仓单贷"，针对威海市蓝色海洋经济特点，针对涉海相关企业，创新推出"仓单质押＋回购"的业务发展模式，助力海洋经济发展。日照银行威海分行发放首笔碳排放配额质押贷款。2021年7月，日照银行威海分行为威海市众音热电有限公司发放威海首笔碳排放配额质押贷款，对企业28万吨质押碳排放交易权，制定了以碳排放配额质押进行融资支持的服务方案，成功放款金额990万。该类贷款解决了节能减排企业融资难、担保难的问题，充分发挥碳排放权交易在金融资本和实体经济之间的联通作用。

当然，威海市的绿色金融还面临着一些制约因素。

一是产业发展不均衡。从威海市绿色贷款投放情况看，目前绿色贷款主要集中在生态环境、基础设施绿色升级和清洁能源三个产业。截至2021年末，三个产业贷款余额共计330.9亿元，占全部绿色贷款余额的90.1%，但主要是基建类和水电气运等政府主导的产业项目，绿色制造业相对集中的节能环保、清洁生产和绿色服务等产业贷款余额占比仅9.9%，表明威海市传统产业绿色转型升级和绿色工业发展基础尚未形成规模。同时，以上行业中大部分客户为大型国企、央企，从事绿色金融产业的民营企业多数会受贷款额度、担保方式、利率测算水平、过度融资等准入条件限制，银行很难满足其信贷需求，特别是科技型小微企业虽然融资需求旺盛，但因科技型企业自身轻资产的特点，获取银行融资比较困难。

二是认定标准不明晰。2019年2月，国家发展改革委牵头印发了《绿色产业指导目录（2019年版）》，划定了产业边界，但这只是产业层面的认定标准，且目录涵盖范围较广、可操作性不强，地方上很难通过目录解决"谁是绿色主体"的问题，威海市不少市直部门牵头推进的工作都与绿色发展有关，但具体到哪些是绿色产业、绿色企业和绿色项目，往往没有明确标准，绿色发展总体上仍处于"有概念、没标准"的局面，标准的缺失在一定程度上也影响了金融机构业务的开展。

三是绿色金融能力建设不到位。绿色金融人才储备不足，金融机构普遍缺少环境、金融及法律等方面的复合型人才，绿色金融项目评估、审查和管理能力有所欠缺，针对绿色金融类业务，也尚无区别于普通业务的具体贷后管理制度。绿色金融产品创新不足，对于节能环保、清洁能源、绿色基建等项目仍主要采取传统信贷模式予以支持，创新产品仍然较少、品种单一，相比普通融资也不具有明显的成本优势，对绿色企业的吸引力不够。另外，碳排放权、碳汇收益权质押贷款虽然已经破题，但金融机构对于该类权益质押物的未来变现能力和价值难以进行准确预估，尚不具备普遍推广的条件。此外，由于绿色金融领域的市场不确定性大，信贷风险也相应增加，与之相配套的绿色金融风险补偿机制不完善，导致金融机构及相关企业参与的积极性不高。

四是企业项目减碳量测算困难，部分项目环评中无减排量，公开市场也没有类似项目平均能耗数据，企业历史排放量亦没有相关核算，难以衡量项目具体减排量。对于金融机构而言，碳减排测算相对复杂、数据采集比较困难，目前缺乏统一、具体、明确的环境风险评级标准等，银行对低碳型企业的判定存在一定困难。

五是海洋碳汇尚未得到国家的审核。尽管威海市蓝色经济研究院在开展海洋碳汇方法学研究，为开展蓝碳交易奠定了基础，但目前，我国碳汇交易均为林业碳汇，蓝碳交易还是空白的。2017年国家发展改革委暂停CCER（中国核证减排量）项目和方法学审批，2018年这项职责从国家发展改革委转到生态环境部，目前生态环境部尚未重启CCER项目和方法学审批，致使蓝碳交易缺乏依据。如果蓝碳进入碳市场交易，威海市海洋碳汇的金融市场空间也将随之加大。

## 二 烟台市的绿色金融发展实践

烟台市低碳发展走在全国前列，2021年10月成功举办了"2021碳达峰碳中和烟台论坛"，落户国家电投核能总部，半岛南3、4号风场实现全容量并网发电，清洁能源装机占山东省的1/5左右。截至2021年末，全市绿色贷款余额为427.81亿元、同比增长58.4%，34家金融机构获批碳减排支持工具贷款项目3个，贷款金额为20.8亿元，占全省总金额的四分之一。

与威海市情况类似，烟台市在发展绿色金融方面同样拥有良好基础。

一是产业基础坚实。烟台市在发展"双碳"经济方面有着较好的基础，以丁字湾"双碳"智谷、烟台"3060"创新区、蓬莱北方风电母港和若干个专业园区（"1+1+1+X"）为重点，聚焦核电、风电、LNG、氢能等重点产业，生物质能、光伏、海洋能等潜力产业，"双碳"产业集聚发展、链式发展、创新发展成效明显。包括东方电气、远景能源等一批央企和行业头部企业在烟台市设立分公司，聚集了烟台冰轮集团有限公司、大金重工（烟台）海上风电有限公司、烟台中集来福士海洋工程有限公司、烟台杰瑞石油服务集团股份有限公司、蓬莱巨涛海洋工程重工有限公司、山东核电有限公司等一大批"双碳"领域（含清洁能源）重点企业。

二是配套政策完备。先后印发了《关于支持开展碳排放权抵质押贷款的意见》《关于银行业保险业支持碳达峰碳中和发展的指导意见》《关于金融支持生态环境保护和生态环保产业发展的若干措施》等一系列绿色金融专项政策。制定出台了《烟台市清洁能源产业链链长制实施方案》，为绿色金融高质量发展提供了有力的政策支持。

三是金融体系健全。烟台市目前已构建起多层次、广覆盖、有差异、大中小合理分工的银行机构体系，目前全市各类银行机构54家，其中政策性银行1家，国有商业银行市级分行6家，股份制银行市级分支机构12家，外资银行市级分行2家，外地城商行、农商行市级分支机构10家，地方法人银行机构21家，财务公司2家。截至2022年2月末，全市各银行机构本外币各项贷款余额为7582.1亿元，同比增长10.1%。

在绿色金融具体推进方面，烟台市也取得了一定成效。

一是加大绿色金融产品创新力度。引导金融机构加大绿色信贷产品创新力度，形成一批可复制可推广的绿色金融发展经验。例如，中国农业银行烟台分行积极申报碳减排支持工具，为国家电投山东半岛南3号海上风电项目及华能新能源山东半岛南4号海上风电项目发放贷款5.3亿元，年带动碳减排量达64106吨，加权平均利率为4.067%，显著低于一般性贷款加权平均利率。

二是拓宽绿色金融融资渠道。积极争取清洁发展机制基金等国家支持节能减排优惠资金支持，促进节能、环保、绿色建筑等产业和企业发展。近年来，引进国外优惠贷款13.34亿元，助力传统优势产业提质升级，推动了生态环境、绿色低碳发展。积极利用政府和社会资本合作模式，进一步规范推进绿色PPP项目助力全市绿色环保和节能减排项目建设，取得了较好成效。截至2022年3月，烟台市纳入财政部政府和社会资本综合信息平台的环保、生态修复、污水处理等绿色PPP项目8个,投资额达45.55亿元。

三是组织专题对接搭建供需桥梁。"2021碳达峰碳中和烟台论坛"期间,支持烟台市"双碳"经济高质量发展的绿色金融授信仪式作为活动闭幕式两项重要仪式之一压轴进行,组织4家银行机构、4家保险机构代表参加了授信保障仪式。召集银行、保险机构各30家召开会议,介绍烟台市"双碳"经济含清洁能源领域及重点项目方面的基础、优势和前景,经初步摸底,有23家银行机构拟支持"双碳"领域授信意向3928亿元、9家保险机构拟安排风险保障意向635亿元。

四是制定机会清单夯实发展基础,发布首批"双碳"机会清单,分为重点工程、重点园区、重点项目三大类,其中重点工程10项,即能源绿色低碳转型、工业率先碳达峰、城乡建设碳达峰、交通运输绿色低碳、低碳先行示范、节能降碳增效、绿色低碳科技创新、绿色碳汇能力巩固提升、绿色低碳开放、全民绿色低碳工程,全面涵盖"十四五"时期"双碳"主抓任务;重点园区25个,包括"一谷一区一岛一港"[①]及其他有关重点园区,体现烟台市"双碳"发展空间重大载体情况;重点项目122个,是烟台市推进"双碳"工作的主体和支撑,总投资额超过5000亿元,其中70个项目有资金需求约1000亿元。

---

① "一谷一区一岛一港",是指丁字湾"双碳"智谷、烟台"3060"创新区、长岛国际零碳岛、蓬莱北方风电母港。

# 第六章 国内绿色金融的经验借鉴

本章选取了国内绿色金融综合发展较好的地区及绿色金融支持实体经济发展较为突出的地区进行分析。其中，浙江省湖州市、衢州市是我国第一批国家绿色金融改革创新试验区，两地很多先进经验已经在全国多地推广，这次主要介绍两地在推进绿色金融与转型金融方面的最新探索。深圳市在金融创新方面一直走在全国前列，并且绿色金融起步较早；宁夏虽为西部欠发达地区，但在黄河国家战略背景下，宁夏在绿色金融支持特色产业方面积极探索，敢于弯道超车，这些都为山东省绿色金融发展提供了经验借鉴。

## 第一节　湖州：基于绿色金融探路"转型金融"

在绿色金融实践领域，浙江省湖州市是公认的标杆。自率先启动创建国家级绿色金融创新试验区后，湖州市做出多样探索，走出了一条绿色金融助推绿色低碳转型发展的创新之路，发展成果如今已成为实打实的改革"样本"：绿色金融改革创新工作累计取得40多项全国率先或第一，连续两年被《亚洲货币》评为最佳绿色金融实践地区，连续三年位居长三角"40＋1"城市群绿色金融发展竞争力第一。

近年来,在绿色金融成功实践的基础上,湖州市开始探路"转型金融"。转型金融是指为应对气候变化影响,以完善绿色金融体系、支持高碳企业向低碳转型为主要目标,基于明确的动态技术路径标准,运用多样化金融工具为市场实体、经济活动和资产项目,尤其是传统的碳密集和高环境风险市场主体、经济活动和资产项目,向低碳和零碳排放转型提供的金融服务。浙江省湖州市围绕碳达峰碳中和目标,不断深化湖州绿色金融改革创新试验区建设,统筹平衡降碳与发展,创新构建低碳转型金融体系,为低碳转型引入低成本、长期限的金融支持,科学有序地推动碳密集行业低碳转型,探索率先构建低碳转型金融体系,促进经济社会全面绿色低碳转型,勇当绿色低碳发展的探路者,打造绿色金融改革的金名片。

在转型金融体系顶层设计方面,一是坚持重点聚焦,以碳密集行业低碳转型、高碳高效企业发展、低碳转型技术应用的金融需求为重点,建立与低碳转型相适应的金融服务体系,推动金融与碳密集行业良性互动。二是坚持协同推进,打好能源、产业、财政政策组合拳,增强碳密集行业企业低碳转型积极性,激发金融机构创新动力,引导更多社会资本进入低碳转型领域。三是坚持市场运作,按照"可衡量、可报告、可核查"的要求,精准界定转型活动范围,编制转型金融支持项目清单和目录,推动金融机构定期披露转型金融效果,防范"洗绿"风险。四是坚持创新导向,重构碳密集行业的授信准入、利率定价、风险防控、绩效评价等管理机制,构建多层次金融服务体系,创新具有针对性的转型金融产品,降低低碳转型成本。

在转型金融具体实施路径上,湖州市谋划了七个方面的任务。

第一,探索转型金融标准。从项目和行业两端发力,科学界定低碳转型活动范围，建立精准、可执行、可落地的转型金融标准。在项目端，聚焦能源、工业等重点领域，滚动编制生产制造方式转型节能减碳项目清单，定期梳理减碳效应显著、低碳转型路径清晰的转型项目，推动项目和资金对接。在行业端，围绕碳达峰行动方案，聚焦碳密集细分行业，编制转型金融支持目录，制定低碳转型技术指引，构建低碳转型目标体系，引导转型金融精准支持。加快碳账户、碳效码、碳核算等制度和方法体系建设，为转型金融提供基础性制度支撑。编制转型金融信息披露指引，构建转型金融信息披露框架及披露标准。

第二，完善政策激励机制。强化产业、用能、金融等政策协同，发挥碳市场价格发现功能，引导碳密集行业稳妥有序低碳转型。深化完善碳效码、能源"双控"等工作机制，建立多目标管理的低碳转型绩效评价体系，统筹稳增长和低碳转型。发挥财政资金的撬动和引导效应，建立转型金融贴息补助、风险补偿等激励机制。发挥碳减排支持工具等政策效应，引导更多金融资源配置到低碳转型领域。强化统筹协调，构建金融监管工作协同机制。统筹碳中和银行建设，引导金融机构有序降低资产碳强度。

第三，创新转型金融服务。围绕碳密集行业低碳转型的金融需求，打造以信贷、保险、债券、基金为主的多层次转型金融服务体系。探索碳账户金融应用场景建设，深化在能源、工业、建筑、交通、农业、居民生活六大领域的实践拓展。出台转型信贷授信指导意见，引导金融机构开展专项授信管理，构建碳密集行业的信贷准入、利率定价、授信审批等机制，建立与低碳转型目标挂钩的利率定价机制和产品创新机制，鼓励金融机构为碳减排重点领域内具有显著碳减排效应的项目提供优惠利率融资。大力发展绿色保险，引导保险机构创新开发与减排、增绿、节能以及气候风险管理相挂钩的保险产品，争取引进保险直投资金，助力低碳转型项目建设。支持符合条件的企业发行可持续发展挂钩债券，募集中长期建设资金。支持设立低碳转型基金，为低碳转型活动提供多元化的金融支持。

第四，打造数智支撑平台。加强信用信息共享共建，依托"绿贷通"构建地方信用信息服务平台，多跨协同"碳效码""双碳"云平台等，贯通省企业信用信息服务平台、省金融综合服务平台、碳账户金融应用、省减污降碳应用，打造一体化转型金融数字平台，前端提供碳账户、碳排放等数据共享，中端提供碳核算、碳效评价等算法支持，后端提供信贷、担保等金融服务。实现银企对接线上化、减碳核算精准化，助力金融机构开发转型金融产品、开展信息披露、防控转型风险。

第五，构建开放合作生态。打造全产业链转型金融创新发展生态体系，积极引进碳核算、碳盘查、碳金融、信息披露等专业机构，吸引和培育相关领域专业人才。依托绿色金融改革创新专家咨询委，充实低碳领域专家成员，形成转型金融人才智库高地。主动对接国家有关部委的试点任务，争取转型研究成果在湖州市率先落地和推广应用。加快与国际金融机构和组织的交流合作，引入境外低成本资金，推动标准耦合、理念融合及技术对接，不断提升低碳转型发展能力。

第六，防控转型金融风险。推动转型金融供需双方加强信息披露，规范转型效应测算方法、披露边界和频率，形成有效激励和约束，鼓励融资方披露资金使用情况、转型路径实施情况，以及企业或项目的碳减排情况。密切关注"两高"项目转型风险，建立"两高"项目金融风险防范化解工作机制，全面梳理排查在建、拟建和存量"两高"项目，实行名单制管理，强化贷后跟踪管理。加强金融机构能力建设，鼓励金融机构开展转型风险压力测试，将气候风险管理纳入风险管理框架，提升应对气候变化风险能力，有效防控"绿天鹅"等转型金融风险。

第七，实施示范引领工程。组织重点行业、重点区域和重点金融机构开展先行先试，实现重点突破。支持长兴县率先探索转型金融发展模式，开展县域低碳转型创新实践。以高碳高效行业为切口，推动金融机构创新开发转型金融产品，大力推广绿色低碳技术，打造一批转型示范项目，形成可复制、可借鉴的路径模式，持续推动转型金融创新发展。

## 第二节 衢州：以碳账户为核心的绿色金融探索

与湖州市类似，浙江省衢州市也是第一批国家绿色金融改革创新试验区。面对碳达峰碳中和的艰巨任务，2021年初，中国人民银行衢州市中心支行开始探索碳账户构建方法，形成了以碳账户金融为核心的绿色金融衢州模式。本节将以工业企业碳账户与农业碳中和账户为例，介绍衢州市碳账户金融的具体做法。

### 一 碳账户的构建方法

碳账户是对有关经济主体碳排的全面记录，包含数据采集、核算、评价三个环节，必须做到数据准确、核算科学、评价客观。针对工业企业，中国人民银行衢州市中心支行联合衢州市发展改革委、生态环境局等部门通过衢州市能源大数据中心实时采集企业能源数据（包括原煤、电、天然气、蒸汽）及市生态环境局审核确认的工业碳排月度数据，两者相加得到企业总碳排。同时，开发算法模型，并按照碳排强度对标行业基准值为工业企业进行四色贴标，分别为深绿色（碳排强度在行业基准值50%以下）、浅绿色（碳排强度在行业基准值50%—75%）、黄色（碳排强度在行业基准值75%—100%）、红色（碳排强度在行业基准值以上）。鉴于农业领域通过技术改造实现碳减排的空间有限，中国人民银行衢州市中心支行联合衢州市农业农村局将提高农业后端资源利用率作为实现碳减排乃至碳中和的关键，确定秸秆综合利用、土壤固碳、畜禽粪污资源化利用三条碳中和路径，进一步计算碳中和值构成农业碳中和账户，对标行业基准值为农业主体贴标。

碳账户建设具有数据准确、核算科学、评价客观三大特点。一是数据准确。工业企业逐户安装能源采集装置，实现自动化采集，农业主体由农业农村局下属农技站的相关工作人员和商业银行的信贷人员逐户采集，确保了数据准确性。二是核算科学。采用金融稳定理事会（FSB）气候变化相关财务信息披露指南工作小组公布的《气候相关财务披露建议》进行规则核算，与中国人民银行公布的《金融机构碳核算技术指南（试行）》相一致。核算主要分为三个层次：一级核算范围指所有直接温室气体排放；二级核算范围指间接温室气体排放，主要包括外购电力、热力、蒸汽；三级核算范围指二级核算外的其他间接排放，涵盖报告主体价值链上下游的温室气体排放、外包活动和废弃物处理等。中国人民银行衢州市中心支行和相关政府部门还联合若干著名高校院士团队共同开发了相应的算法模型，确保了核算的科学性。三是评价客观。为了对相关主体的碳排进行准确评价，碳账户在构建过程中从三个维度（产量、税收、增加值）确定了不同行业的碳排基准值，确保了评价的客观性。截至2021年底，衢州市已建立工业、农业、能源、建筑、交通运输和个人六大领域碳账户，覆盖125家工业企业、178家种养殖大户及有机肥生产企业、109家能源企业、10家既有建筑主体、144万名社会居民。

## 二 嵌入信贷业务后的碳账户金融

如期实现碳达峰碳中和目标是一场广泛而深刻的经济社会系统性变革。2021年4月，北京绿色金融与可持续发展研究院院长马骏在"2021清华五道口首席经济学家论坛"上指出，各大金融机构、高校院所基本的共识是，实现双碳目标，需要100万亿至300万亿元投资。如此巨量的投资，仅依托公共部门的资金是远远不够的，需要调动全社会力量，尤其是私人投资。实现私人储蓄向投资转化，没有金融部门的介入是不可能实现的。但若仅依靠碳市场为核心的狭义碳金融，在行业选择、覆盖面、活跃度等方面发挥的作用可能非常有限。例如，我国于2021年7月上线了全国统一的碳市场，首批2162家发电企业总碳排达45亿吨，约占我国碳排总量的40%，上线一个月碳排配额累计成交量仅为702万吨，仅占配额的0.16%。

在我国以银行信贷为主的间接融资体制下，广义碳金融对实现"双碳"目标更具有现实意义。碳账户金融是广义碳金融的具体实践，指的是以碳征信为核心，引导商业银行围绕制度、流程、产品三个关键环节进行优化升级，实现资源优化配置的一项金融制度安排，由此实现商业银行投融资业务碳排核算的可操作、可计量、可验证。

一是"可操作"。根据衢州市政府发布的《衢州市碳账户金融建设实施方案（试行）》，中国人民银行衢州市中心支行创新建立了企业碳征信制度（carbon emission credit investigation）。碳征信是指采集、整理并保存企业的碳账户信息记录，包括企业用能结构、碳排信息、贴标结果三个维度。在获得企业授权后，商业银行可通过"衢融通"平台（基于省市数据共享平台而构建的多维数据平台）查询和使用企业的碳征信报告。通过碳账户金融，商业银行一方面可以借助碳征信报告全面掌握企业碳账户信息，确定支持对象；另一方面可以通过"衢融通"平台的碳账户算法模块测算企业碳排，进行贷前碳效分析，提高信贷审批效率，为差异化信贷政策提供可操作性。以衢州市某双氧水生产企业为例，碳征信报告显示，2021年上半年该企业总碳排为3.7万吨，贴标结果为浅绿色。根据碳账户算法模块的测算，企业新技改项目实施后，CCUS（碳捕捉、利用与封存）能力从每年1.5万吨提高至3万吨，碳中和率从20%提高至39%。根据上述碳效分析，某商业银行衢州分行为该企业发放"绿色减碳贷"500万元，贷款利率优惠30个基点。

二是"可计量"。商业银行可通过前后两期碳征信报告的比较，对投融资业务开展贷后碳效评估。对项目融资业务，商业银行通过企业的碳征信报告，对企业项目实施前后的碳排数据进行对比，以评估该项目贷款的真实碳效；对非项目融资业务，商业银行可以实时监测计算期内的累计碳排量，计算出单位贷款的碳排强度（单位贷款的碳排强度＝计算期内企业的累计碳排量/计算期内企业的日均贷款额），比较前后两个计算期的碳排强度，从而实现非项目融资的碳效评估。碳账户金融实现了碳排的可计量，从而为商业银行环境信息披露和中国人民银行碳减排支持工具提供了有力的数据支撑。

三是"可验证"。可验证是指碳核算的结果可委托第三方进行验证。但碳账户金融由于数据准确、核算科学，从而保证了碳核算结果的自我可验证，无须第三方机构的验证。

## 三　开展碳账户金融的启示

实现"双碳"目标特别是碳中和目标，是构建新发展格局、实现高质量发展的重要条件。衢州市碳账户金融的可操作、可计量、可验证为实现"双碳"目标提供了一条能复制、能推广的创新路径。

一是碳账户金融实现了企业价值的新拓展。碳账户金融本质是从"碳维度"对经济主体的价值评估，能最大限度地发挥金融优化资源配置的功能，从而为绿色金融的未来发展探索出一条行之有效的路径。

二是碳金融和绿色金融呈现高度同一性。传统理论将碳金融归属于绿色金融的子集。但2021年8月联合国政府间气候变化专门委员会（IPCC）第六次评估报告第一工作组报告表明[①]，碳排与全球温度变化、气候环境之间有高度相关性，目前已成为全球面临的最大挑战。"双碳"目标提出后，我们有必要对碳金融和绿色金融进行重新定义，使二者呈现高度同一性。

三是绿色金融标准实现了从产业到企业、从定性到定量的转变。传统意义上的绿色金融标准是从产业层面进行定性划分的，包括中国人民银行《绿色贷款专项统计制度》在内的相关文件均存在划分颗粒度较粗的问题，企业和相关金融机构在执行过程中面临诸多困难，碳账户金融通过对"碳"的量化，实现了绿色金融标准的划分颗粒度从产业到企业、从定性到定量的转变。

## 第三节 深圳：国内绿色金融的领跑者

深圳经济特区作为中国改革开放的最前沿，在金融改革创新方

---

① 笔者根据联合国政府间气候变化专门委员会第六次评估报告第一工作组报告《气候变化2021：物理科学基础》整理。

面一直走在全国前列，近年来深圳市加快推进可持续金融中心建设，在绿色金融创新方面敢闯敢试、敢为人先，坚决扛起绿色金融改革创新责任，已成为国内绿色金融的领跑者。

## 一 率先开展立法，强化绿色金融法治保障

2020年10月，《深圳经济特区绿色金融条例》（以下简称《绿金条例》）经深圳市人大常委会审议通过，于2021年3月1日起正式实施，这既是我国首部绿色金融地方法规，也是全球首部规范绿色金融的综合性法案。《绿金条例》在多个方面进行了大胆创新。①要求金融机构建立和完善绿色金融管理制度，如银行绿色信贷管理制度、保险资金绿色投资制度、机构投资者绿色投资管理制度等，加强制度保障。②要求金融机构对投资额达到5000万元且依法需要进行环境影响评价、年度温室气体排放预期达到3000吨二氧化碳当量的投资项目开展绿色投资评估，在投资环节严把绿色关。③要求在深圳注册的金融业上市公司、绿色金融债券发行人、享受绿色金融优惠政策的金融机构开展强制性环境信息披露，提升信息透明度。④赋予地方金融监管部门部分行政处罚权限，对金融机构在绿色金融相关制度、绿色投资评估和环境信息披露中违反《绿金条例》的行为进行处罚，保障绿色金融发展稳步有序和风险可控。

## 二 加强政策引导，构建地方特色激励机制

2017年，深圳市福田区在国内率先出台绿色债券相关支持政策。2018年12月，深圳市政府印发《关于构建绿色金融体系的实施意见》，制定绿色信贷、绿色债券、绿色保险等产品奖补政策，支持区域性环境权益交易市场发展，进一步优化绿色金融资源配

置。目前，市区两级已制定绿色信贷及绿色债券奖补制度，对发行绿色债券的机构及中介机构给予奖励，对绿色信贷企业给予贴息，为担保机构及银行机构提供风险补偿。2021年6月，深圳市地方金融监督管理局联合中国人民银行深圳市中心支行、深圳银保监局印发《关于加强深圳市银行业绿色金融专营体系建设的指导意见（试行）》，鼓励银行机构对专营机构单列绿色信贷规模、设立专门审批通道、给予优惠资金定价、提高不良容忍度等，政府及监管部门对经认定的专营机构给予差异化监管政策和奖励措施，2021年8月已认定并揭牌了首批11家专营机构。2021年7月，深圳市生态环境局和深圳银保监局联合印发《深圳市环境污染强制责任保险实施办法》，对环境污染强制责任保险的投保与承保、风险评估等予以清晰规定。近年来，市政府在金融创新奖中将绿色金融作为特色奖予以奖励。

## 三 强化组织领导，凝聚绿色金融工作合力

2017年，深圳率先成立粤港澳大湾区首个地方绿色金融专业委员会——深圳绿金委，作为深圳绿色金融领域的政策研究与沟通协调平台。此后，深圳绿金委加入"全球金融中心城市绿色金融联盟"（FC4S）。2019年，该联盟的绿色金融服务实体经济实验室落地深圳，开展前瞻性研究。2020年9月，深圳联合广州、香港、澳门发起"粤港澳大湾区绿色金融联盟"，联盟秘书处设在深圳。2021年6月，成立全市绿色金融发展工作领导小组，由分管市领导任组长，成员单位涵盖19个部门，统筹推进绿色金融发展。同时，为发挥行业协会在绿色金融宣传、绿色金融标准制定、信息披露、制度建设等方面的支撑作用，筹建了深圳市绿色金融协会，协会已于2021年9月正式成立。

## 四 创新产品服务，形成项目示范引领效应

2018年9月，平安财险推出国内首个室内空气环境污染保险产品；2019年3月，深能源绿色债券成为首单被纳入深港债券通的绿色债券；2020年9月，南开大学中国公司治理研究院联合深圳市公司治理研究会和深交所发布了国内首只"绿色治理指数"；2021年7月，兴业银行深圳分行发布《2020年环境信息披露报告》，成为国内首个披露部分投融资活动碳足迹试算方法及结果的全国性银行重点区域分支机构；同年8月，福田区政府联合深交所发布了"国证香蜜湖绿色金融指数"，深圳3家中资银行和2家外资银行已率先开展环境信息披露和环境风险压力测试。深圳作为国内首个启动的试点碳市场，以全国七个试点地区碳市场2.5%的配额规模实现了16%的交易量和24%的交易额，市场流动率连续多年位居全国第一。同时，进行了多项碳金融产品创新，如国内首只碳债券、首单跨境碳资产回购交易等。近年来，全市绿色信贷、绿色保险、绿色债券规模稳步提升。截至2021年6月底，全市绿色信贷余额达3883亿元，同比增长26%；深圳各类主体发行的绿色债券规模达334亿元，2021年已发行近100亿元，包括全国首单银行间市场核电碳中和债、全国首单租赁行业碳中和债等，绿色保险承保量连续稳居国内前列。2021年也涌现出一批具有示范性的绿色金融案例，如平安信托推出全国首单工业污水收费权绿色ABN、国开行深圳市分行支持垃圾发电项目等。

## 五 加强合作交流，展现绿色金融最佳实践

深圳绿金委参与国家绿色金融标准化工程之一的"中国绿色基金标准"研究，其中绿色私募股权投资基金标准核心准则有关成果

被列入2018年7月阿根廷G20财长和央行行长会议公报；2018年，深圳绿金委参与G20可持续金融研究小组会议、联合国环境规划署FC4S成员大会，主办绿色金融成果巡展等，显著提升了深圳绿色金融的国际影响力。自2020年以来，与英国伦敦金融城联合举办多期"深伦双城论坛"，围绕绿色金融、ESG等主题进行深入交流。2021年9月，粤港澳大湾区绿色金融联盟首次年会在深圳召开，来自粤、港、澳、深四地的金融监管部门代表及业界、学界专家参加会议，共同交流大湾区绿色金融最新成果，探讨未来合作方向。深圳市已连续多年举办国际低碳城论坛绿色金融分论坛，该论坛成为展示绿色金融成果、推进绿色金融交流合作的重要平台。

## 第四节 宁夏：绿色金融支持清洁能源产业高质量发展

清洁能源产业是宁夏的重要产业之一。近年来，宁夏紧抓黄河流域生态保护和高质量发展先行区建设重大契机，以绿色金融产品和服务为抓手，围绕全产业链发展绿色金融，鼓励各类金融机构通过绿色保险、绿色信贷、绿色债券、绿色投资基金等多种金融工具拓宽企业融资渠道，支持清洁能源产业高质量发展。

### 一　大力推动绿色保险创新和应用

持续提高绿色保险保障水平。拓展绿色保险承保范围，提供个性化、定制化绿色财产保险服务方案，抓住大力发展清洁能源的战略机遇，优化现有险种和结构，提升自然灾害风险、火灾风险、营业中断风险、第三者责任风险、机器设备损坏风险、运输安装风险等建设期和运营期常见风险的保障水平。

创新绿色保险产品。探索开展天气指数保险、设备研发保险、绿色信贷保险、光伏信贷保险等贷款保证保险业务。鼓励保险机构为企业量身定制碳排放相关保险产品，开发以碳排放配额作为质押融资的贷款保证保险，通过提供有效的风险保障为企业增信，拓宽企业融资渠道，促进产业低碳转型。鼓励保险公司积极服务终端电能替代，为新能源汽车、充电站（桩）、港口岸电、储能组件效能保证提供保险服务。

提升绿色保险服务质效。发挥保险经纪机构专业化服务优势，鼓励"互联网＋保险中介"发展模式，推广"保险替代保证金缴纳"的创新，为清洁能源企业降本增效。利用保险经纪专业优势，提供风险评估、咨询、防范服务及完善的保险方案和优惠的保险费率，为企业提供培训宣导、疑难解答、协助索赔、驻场服务等优质高效的服务。

降费让利扩大保障。发挥绿色产业重大技术装备使用风险和新材料应用风险的保险补贴补偿机制作用，首台（套）重大技术装备保险及首批次新材料保险均由中央财政按照年度保费的80%进行补贴，经自治区认定的，按照不超过3%的实际投保费率，给予50%的保险补贴，对降低企业技术升级的潜在风险、释放银行质保金、盘活企业资金发挥积极作用。针对部分生产性企业的产业结构特点，提高环境污染责任险、安全生产责任险的覆盖，鼓励在费率水平和风险特征相匹配的前提下，适度降低投保费率，探索将保险费率与企业环境、风险管理水平挂钩，进一步扩大保障范围，淘汰高污染的落后产能。积极引导险资直投。引导保险资金以多种形式支持产业发展，重点在风电光伏、抽水蓄能、低碳技术项目等清洁能源领域绿色项目及基础设施建设项目上给予倾斜，发挥综合金融服务集团和保险资金长期配置优势，通过基金、信托、债券等形式参与绿色项目投资建设。

## 二 搭建银行机构多层次产品体系

大力发展绿色信贷。利用国家电网绿色资产（项目）认定清单，细化绿色贷款的发放标准，用足用好财政贴息等支持政策，鼓励银行机构为绿色项目推出定制化绿色信贷服务，制定支持绿色信贷等绿色业务的激励机制，提升新能源发电、先进储能、清洁能源供应链企业的绿色信贷业务比重。对成效显著的金融机构，自治区按照新增绿色贷款额度的0.3‰给予奖励，并在财政国库现金存放方面予以倾斜。充分发挥财政贴息支持作用，对重大项目贴息标准适度提高、支持方式更加灵活，财政贴息标准一般不低于一年期贷款市场报价利率（LPR）的50%。

鼓励银行创新绿色信贷产品及方式。适时推出"碳中和"信贷额度及排污权抵押贷款等产品。通过政策性银行、商业银行组建银团发放项目贷款，合理配置金融资源，分担技术和政策风险。尝试对已纳入补贴清单的项目发放补贴确权贷款，创新信贷产品。适当延长贷款期限，对短期偿付压力较大但未来有发展前景的可再生能源企业，予以贷款展期、续贷或调整还款进度、期限等安排。

进一步拓宽企业融资渠道。创新升级绿色产业基金、清洁能源资产证券化、银行投贷联动等业务模式，鼓励银行机构推动绿色投融资产品和服务创新，以"商行+投行"的模式，有效整合传统信贷产品以及并购、债券、股权、基金等金融工具。支持企业发债融资，自治区财政按照发债规模的2%给予一次性补贴。支持企业上市融资，对境内外首次公开发行股票并上市的，自治区财政分阶段奖励1000万元。

全产业链支持清洁能源发展。引导银行机构利用大数据平台信息，通过应收账款质押、货权质押等方式开展全产业链融资支持，对与清洁能源核心龙头企业紧密相关的能源输送、装备制造、技术服务等产业，通过供应链金融、贸易融资等产品全产业链支持清洁能源产业集群。

## 三 运用各类综合金融产品和政策

积极推广绿色票据。以电力商业信用为基础，为供应链上下游企业提供商业承兑汇票贴现、买方付息票据贴现、转贴现、一头在外票据贴现等特色产品，充分发挥手续便捷、利息共担、用信灵活等产品优势，鼓励金融机构优惠10%—20%贴现利息支持，解决企业3—12个月的短期资金需求。

大力推广"电e金服"数字化金融服务平台应用。支持"电e金服"与自治区地方金融监管局企业融资服务平台等互联互通，帮助企业获得更加便捷高效的金融服务。发挥能源、金融产业主管部门的政策平台优势，建立健全政企银等各方参与的能源金融联席会议制度，精准对接资金供给需求方，线上、线下为企业提供金融服务。

积极利用产业基金各项政策。做强政府产业引导基金，按照不低于1∶1的比例吸引社会资本，带动银行贷款及法人增资，扩大基金规模支持产业发展。有效发挥纾困基金作用，增加政策性纾困基金额度，进一步完善基金管理运行体系，对存在短期流动性困难的重点企业给予纾困支持。进一步加强产业发展激励引导，根据发展指标综合评估，对成效显著的重点企业予以奖励，奖励范围不超过30%，奖励资金继续用于支持重点产业发展。

## 四　加大融资租赁力度

鼓励加大租赁服务支持。针对清洁能源企业固定资产价值较高、一次性投资金额较大的特点，依托自治区"老旧机组改造项目"，鼓励融资租赁公司为大型新能源企业提供直接租赁、售后回租、联合租赁等租赁服务，提供以国家现行LPR指导报价（现行1年期利率3.85%、5年期以上利率4.65%）为基准的、按照市场行情浮动的利率，最大限度节约企业资金成本，并提供不低于3年的中长期资金期限。对制造业企业以融资租赁方式购置先进生产设备、回租厂房或机器设备的，自治区财政给予单户企业每年不超过300万元标准的补贴。

在重点领域发挥直租业务优势。重点推广特高压、智能电网、抽水蓄能等服务清洁能源消纳、提升电网调节能力领域的重大装备直租业务，积极推动户用光伏、村级电站等非企业类用户的设备直租业务，发挥增值税抵扣效应，利用国网租赁公司的专业化产品和其他金融主体产品优化配置，灵活补充产业链条各阶段的资金需求。

# 第七章　山东省绿色金融创新发展的对策建议

山东省是经济大省、工业大省、农业大省，是新旧动能转换、乡村振兴、黄河流域生态保护与高质量发展等国家重大发展战略的集结地，金融支持对绿色产业发展和传统产业绿色转型的意义格外重大。过去几年，山东省绿色金融发展初显成效，省内主要金融机构和部分地区都积累了一定的绿色金融发展实践经验，但与江、浙、粤等先进省份相比仍有不小差距，主要表现为绿色信贷规模差距较大、绿色金融供给不足，顶层设计和高位推动力度不够、缺乏绿色金融发展整体规划和具体实施意见，绿色金融基础设施建设滞后、缺少绿色信息共享平台，等等。

为推动山东省绿色金融发展，发挥好资金的杠杆作用，将更多资金资源配置到传统产业升级改造和绿色产业培育中，推动山东省顺利实现经济增长换挡提速、加快高质量发展，我们既要解决好绿色金融发展存在的普遍问题，也要结合本地区域实际情况与产业特色，聚焦扩绿增长做"加法"、减污降碳做"减法"、技术创新做"乘法"、除壁破垒做"除法"，制定更有针对性的解决方案。

# 第七章 山东省绿色金融创新发展的对策建议

## 第一节 在完善绿色金融基础设施上创新发力

绿色金融基础设施建设是整个绿色金融体系建设的重要基石。基础设施既包括数字平台"硬设施",也包括标准制定"软设施",当前山东省绿色金融与先进省份的差距,很大程度上是绿色信息平台的建设差距,因此要不断在完善绿色基础设施上创新发力。

### 一 建立省级绿色信用信息共享平台,打造绿色金融数字基础设施

充分发挥数字化技术的规模效益和普惠性,加强数字基础设施建设,调动各级政府、金融机构和第三方积极参与平台合作,共同搭建省级绿色信用信息共享平台,或在现有平台上开辟绿色金融专区。依托平台,加强政府部门间公共数据的开放共享和应用开发,将环保处罚、环境评价等企业环境信息纳入信用信息系统,对企业进行"绿色"画像,便利金融机构准确识别企业的绿色行为和绿色指数,为金融机构开展绿色金融业务提供决策依据。依托数据和平台进一步建立省级及各地绿色发展项目库,创新金融平台产品与服务模式,助力企业精准对接金融机构,例如,建设涵盖绿色贷款、绿色股权融资、绿色企业/项目认定评价服务等板块的"一站式"绿色金融综合服务平台;推动金融机构上平台,发布绿色金融产品;强化平台运营,优化对接流程,加快银行审批速度。

### 二 加快试点绿色金融地方标准

紧扣"标准设计+基层实践"的绿色金融试点要义,通过推出

覆盖绿色融资项目评价、绿色融资企业评价、绿色银行评价、绿色金融专营机构建设等方面的系列实施规范，明确具体指标、细化指标内容，建立统一、权威、可操作性强的绿色金融地方标准，并进一步推动地方标准在绿色金融服务体系中的深入应用。尤其是在贴合山东省实际的基础上，根据特定行业、特定区域的关键属性，试点并优化地方标准。具体可参考浙江省湖州市南浔银行的美丽乡村建设绿色贷款实施规范和浙江省衢州市农村信用社集"制标、贴标、兑标"于一体的绿色金融标准体系框架。

### 三 制定碳排放评级体系，为传统产业建立绿色信用

随着土地财政逐渐转型、高污染高耗能产业占比过重问题的凸显，山东省内一些行业、区域面临着信用塌陷风险，地方债持续发行面临困难。而在企业一侧，如果严格按照国家绿色产业标准，大量传统企业将持续被排斥在目录之外，无法获得融资，经营难以为继。传统产业低碳化转型是信用修复和稳定发展的必由之路。其机制是通过在企业层面建立碳账户、在个人层面建立碳信用，实现区域碳管理，引导降低碳排放，修复区域、企业信用。在具体操作中，可借鉴浙江省湖州市首创的"碳效码"。所谓"碳效码"，是指根据企业某周期内单位产值碳排放量与该企业所处行业同期单位产值碳排放量平均值进行比较，分为1级至5级五个碳效等级：等级1表示企业碳排放量低于行业平均水平较多，碳效最高；等级2至等级4表示企业碳排放量近于或略超出行业平均水平；等级5表示企业碳排放量高于行业平均水平较多，碳效最低。金融机构根据碳效等级，实施碳效阶梯利率，推出定向用于企业生产设备绿色升级的贷款；同时，工信部等部门可建立节能改造补贴机制，使企业改造完成后可获得技改投入一定比例的补贴资金，提高企业绿色转

型动力。对于工厂、农田等,"碳效码"均可与已有绿色标准融合。例如,针对工厂,"碳效码"与现有绿色工厂评价标准融合,在原有的原料无害化、生产洁净化、废物资源化等指标体系中加入"碳效码",抬高工厂绿色等级门槛,从而大幅度提高工业企业绿色制造水平。在区域层面,归集企业主要能源品种消费和加工转换效率等数据,通过工业碳效平台整合分析,可实现分行业、分地区汇总碳排放量数据测算,开展区域碳管理。

## 四 积极建设省综合金融服务平台和征信平台

2021年11月,山东省政府批准设立了山东省征信有限公司,负责省综合金融服务平台和征信平台建设运营。2022年的《政府工作报告》和全省动员大会指出,要"推动省综合金融服务平台和地方征信平台建设"。参照欧美发达国家征信行业近200年的发展历程和发展规律,借鉴江苏省等国内综合实力较强省份的初步经验,采取"政府+市场"原则,不断壮大山东省征信有限公司资本实力,优化股权结构。建设运营的山东省综合金融服务平台已于2021年12月31日上线运行,正积极打通与金融业务强相关的20余项委办局政务数据及水电气等民生数据,实现对300多项企业经营指标的监测分析。后续,该平台将在对各项数据的收集、梳理和分析基础上,开发运营"绿色金融""三农金融""科创金融""外贸金融"等特色金融专区,助力绿色、科创、"三农"、外贸领域的产业和金融政策落地。在绿色金融专区,平台采取"一站式"服务模式,发布金融机构产品和企业绿色融资需求、实现金企精准对接,提供绿色金融、绿色发展等相关咨询服务,推动地方低碳转型与绿色发展。

## 第二节 在推动绿色金融融合发展上创新发力

2022年中央全面深化改革委员会第24次会议强调，要促进普惠金融、绿色金融、科创金融等融合发展；2022年中国人民银行研究工作电视会议指出，要实现绿色金融与转型金融的有效衔接，注重绿色金融、普惠金融、科创金融的融合发展。可以预见，推动"三大金融"融合发展已成为下一步金融高质量发展的重要任务，山东省应因势而谋、顺势而为、乘势而上，加快在推动绿色金融融合发展上创新发力。

### 一 探索研究转型金融框架，拓宽绿色金融实践范围

目前，绿色金融的支持对象主要是绿色产业中的企业，对许多高碳企业来说，即使它们有可行的低碳转型方案，也很难获得绿色金融的支持。建立以碳中和为目标的转型金融框架，即建立碳排放评级体系，设立具体的转型项目和活动目录，制定约束机制、量化目标与日程表等，将有助于牵引金融机构从单纯聚焦"纯绿"走向兼顾"转绿"，拓宽绿色金融实践范围；鼓励金融机构围绕碳市场开展包括排放权质押、碳期货、碳期权，以及挂钩排放权等的碳金融创新，促进碳市场价格发现、风险管理及融资等基础功能有效发挥，抢占碳金融发展先机；发展重点（或专门）支持转型活动的股权投资基金和并购基金、夹层基金，如碳达峰碳中和绿色转型基金与高碳领域（如煤电、钢铁、水泥）转型专项基金，重点支持转型示范项目和用于推动转型的关键技术，并由政府牵头，鼓励更多的PE、VC投资机构参与转型金融活动，充分发挥财政杠杆和证券市

场的作用；联动政府与企业共同参股或投资清洁能源电厂获取绿色电源配额，为降碳减排赢得主动性；探索转型金融披露要求，确保不出现"洗绿"或"假转型"现象。

## 二 推动绿色金融与科创金融融合发展

2018年国务院批复建立山东新旧动能转换综合试验区，其中，济南市高水平规划建设新旧动能转换先行区，打造全国重要的区域性经济中心、物流中心和科技创新中心。2021年济南市又获批建设新旧动能转换起步区，建议以济南新旧动能转换起步区为依托，加快绿色技术创新，推动绿色金融、科创金融融合发展。通过鼓励银行业金融机构针对绿色技术创新开展投贷联动业务、支持允许银行试点设立绿色基金投资于绿色科技企业、支持和培育专注投资于绿色技术的私募股权和创投机构、鼓励保险公司开发支持绿色技术创新和绿色产品的保险产品、鼓励保险和养老基金等长期资金投资于绿色PE/VC基金、对绿色技术创新企业提供担保和其他类型的风险补偿、支持地方政府和社会资本及外资设立绿色技术孵化器和产业园等方式，助力绿色技术创新，推动传统产业向绿色转型，打造新旧动能转换齐鲁样板。

## 三 推动绿色金融与普惠金融融合发展

推进农业、小微企业绿色低碳转型是深化绿色普惠金融发展的重点领域。从前期调研来看，国内部分金融机构已开始布局兼具绿色与普惠特性的金融产品，目前，山东省绿色普惠金融的业务主要集中在农业领域，小微企业的绿色金融支持力度较为薄弱。推动"双区联动"。加强临沂普惠金融服务乡村振兴改革试验区和正在创建的威海绿色金融改革创新试验区双向联动，探索建立农业碳减排风险共担机制和中小企业绿色发展基金,支持具备新能源产业基础的中小企业、民营节能环保企业发行绿色债券。实施碳减排票据再贴现专项支持计划。中国人民银行对金融机构发起的碳减排票据再贴现申请单列额度、优先办理,鼓励金融机构对中小企业碳减排票据提供优惠贴息利率,贴现利率可低于市场平均水平20BP。试行在碳减排票据贴现过程中免担保品、质押品或保证金。依托农商行系统探索建设"绿色普惠专营银行"。开展绿色消费金融,建设个人客户绿色信贷识别归类,创建个人绿色信用体系,开发"绿色信用"类产品。对公业务领域要重点加强绿色小微企业融资,严控大额贷款新增,对1000万元以上新增大额贷款实施集中管理,重点推广绿色信贷产品。试点绿色小额贷款保证保险。借鉴衢州"绿贷险"运营模式,鼓励银行与保险机构在省级绿色金融改革创新试验区试点绿色小额贷款保证保险,重点支持生态种养殖农户、绿色小微企业。地方政府对试点金融机构在年度考核中给予适当加分,并在利息保费补贴、不良贷款风险补偿方面予以支持。建立健全碳普惠体系。出台山东省碳普惠体系实施方案,突出金融支持作用,研究探索非控排企业、各类社会团体、公众共同主动参与碳减排行动的市场化路径,推动碳普惠平台建设,为碳普惠项目提供金融服务。健全绿色融资担保体系。建立政府性绿色融资专项担保公司,突出环境效益和社会效益,扩大担保覆盖范围,有效放大授信倍数,灵活调节担保费率,为金融支持绿色小微企业和绿色农业提供增信服务。

## 四 扩大绿色金融市场参与主体

当前绿色金融市场参与主体主要是商业银行,非银行金融机构参与程度较弱。建议进一步发挥政府引导作用,扩大绿色产业发展基金，在现有的节能投资引导基金等的基础上，吸引保险、养老金、国外ESG投资力量等长期资本加入，缓解当前绿色金融产品与需求之间的期限错配问题，包括建立绿色投贷联动专项基金，开展银行与PE/VC的投贷联动试点，精准投向绿色产业；鼓励保险公司开发绿色保险产品，通过产品创新化解绿色项目和绿色技术可能带来的风险损失。发挥政府性融资担保体系与第三方融资担保机构的互补效应，鼓励设立绿色产业担保基金，扩大对绿色项目、绿色技术的支持范围，进一步分担金融机构风险。

## 五 开展绿色金融专营机构试点，争创国家级绿色金融改革创新试验区

开展绿色金融专营机构试点，支持试点机构围绕碳账户、转型金融、区域碳金融中心建设、"零碳银行"、碳资产证券化等开展创新业务。在资源配置、融资成本、业务试点、绩效考核等方面，给予试点机构差别化政策支持。在实践中可参照湖州、广州、贵安新区等国家级绿色金融改革创新试验区的经验，积极支持省内基础条件较好的地市创设全国绿色金融改革创新试验区；同时组织开展省级绿色金融改革创新试验区创建工作，引导和鼓励有关地市立足新兴产业培育、老工业城市和资源型城市转型升级、循环经济发展等特色领域，积极开展绿色金融改革创新，为全省绿色金融发展探索可复制、可推广的经验。

## 第三节 在生态文明建设绿色金融支持上创新发力

提高绿色金融服务生态文明建设与高质量发展的能力，是积极

贯彻习近平生态文明思想，牢固树立"绿水青山就是金山银山"的绿色发展理念的必然要求，也是坚持金融服务实体经济的本质要求。山东省要在生态保护、节能环保产业上强化绿色金融服务创新，积极推动碳排放权抵质押贷款，真正利用好碳减排工具，在绿色发展中不断提升绿色金融创新力。

## 一 加强生态环保和节能环保产业的支持力度

建立金融支持生态环保推进机制。通过建立省级推进机制，相关部门定期会商金融支持生态环境保护和生态环保产业发展，指导各市建立市级推进机制。建立环保金融项目库。制定出台省环保金融项目库管理办法，建立省环保金融项目库，将入库项目定期推送金融机构，作为绿色融资主体贷款授信和享受政策优惠的重要依据，鼓励各市建立市级环保金融项目库。组建生态环保产业专家库。建立山东省生态环保产业专家库，为项目入库审核、绿色项目认证、气候投融资等提供专家咨询服务和智库支持。积极开展跟踪问效和绿色金融实施绩效评估。按季度开展银行业法人金融机构绿色金融评价，每年总结绿色金融支持生态环境保护和生态环保产业工作推进情况，形成年度报告。开展项目进展跟踪评价，建立项目进展定期调度机制，定期调度项目进展情况，督促项目实施单位加快项目进展，确保各项工作落地落实。发挥再贷款牵引带动作用，发挥支农再贷款、支小再贷款的减碳引导作用，支持地方法人银行加大绿色贷款投放，重点支持碳减排碳汇等领域贷款，对运用央行资金支持绿色发展效果较好的地区给予再贷款额度倾斜。支持生态环保治理创新，加大对环保管家、环境医院、EOD模式试点、环境综合治理托管服务模式试点等生态环保治理模式的支持力度。生态环保治理、生态环保产业、清洁生产产业、生物多样性保护、生态工业园区等重点项目优先纳入环保金融项目库。

## 二 积极开展碳排放权抵质押贷款

鼓励围绕碳排放权创新金融产品和服务。支持银行业金融机构结合碳排放权的权能属性，制定完善相关信贷政策，开发特色信贷产品，在授信审批、利率定价、风险控制等方面积极创新，优化业务流程，提高办理效率。积极探索将企业节能减排表现与浮动利率、还款期限等挂钩的机制，实现信贷政策与产业政策深度融合。盘活碳排放权担保权能。指导重点排放单位积极参与全国碳排放权交易市场，充分发挥碳排放权交易市场价格发现功能，促进担保价值实现。鼓励银行业金融机构深入研究碳排放权价值实现机制，合理确定碳排放权抵质押物的价值测算方法和抵质押率参考范围。推动打通抵质押物处置环节。加强与全国碳排放权注册登记机构和交易机构的业务对接，完善抵质押物处置机制，提高处置受偿效率。探索碳排放权回购等模式解决抵质押物处置问题，保障抵押权人合法权益。防范碳排放权抵质押风险。建立完善与全国碳排放权交易市场配套的担保登记公示机制，有效避免重复质押、虚假融资等风险事件。银行业金融机构应加强碳排放权市场价值监测，当抵质押物出现价格波动导致抵质押率低于合同约定比率时，及时要求借款人补足价值缺口。推动环境信用体系建设，贯彻落实《山东省企业环境信用评价办法》，建立健全生态环境领域"守信激励、失信惩戒"机制，加强信用分级分类管理，将企业环境信用等级作为银行业金融机构发放碳排放权抵质押贷款的重要参考因素。

## 三 推动碳减排工具落地见效

建立沟通协调机制。建立相关省级部门组成的沟通协调机制，统筹推进碳减排支持工具在山东省的落地事宜。指导各市建立市级沟通协调机制，健全银企对接机制。省内相关行业主管部门梳理清洁能源、节能环保和碳减排技术三大领域（以下简称"碳减排重点领域"）的重点项目清单，由中国人民银行济南中心支行定期推送给金融机构，组织金融机构按照市场化、法治化原则开展形式多样的银企对接活动。加强碳减排技术与梳理、提炼与推广，保障碳减排支持工具的直达性、精准度和有效性。建立山东省金融机构碳减排贷款联系人名单，为企业政策咨询、业务办理等提供便利。加强政策宣传解读，将贯彻落实碳减排支持工具政策作为支持"双碳"目标实现的重要举措，定期组织政策宣讲，及时总结提炼金融机构发放碳减排贷款的典型模式、特色做法和创新机制，利用传统媒体、新媒体平台等加大宣传力度，确保企业理解和使用好政策，充分享受政策红利。举办业务交流培训，组织围绕碳减排重点领域行业政策及企业融资需求特点、碳减排效应测算、信息披露等开展多层次业务培训和政策研讨活动，疏通政策落实中的症结和困难，凝聚各方合力推动政策落地见效。优化绿色信贷管理。引导金融机构制定专门的碳减排贷款管理办法，在授信审批、利率定价、信息披露、尽职免责等方面积极创新。积极探索将项目碳减排效应纳入贷款额度测算、利率定价等授信管理流程。针对具有显著碳减排效应的项目，开通贷款办理绿色通道，优化业务流程，精简申贷资料，提高放贷效率，降低企业融资成本。鼓励金融产品创新。鼓励金融机构结合碳减排重点领域项目融资需求的特点，探索开展节能环保项目特许经营权、绿色工程项目收益权等抵质押贷款，以及风能、太阳能、生物质能等可再生能源项目补贴确权贷款，持续推动碳排放权质押贷款业务增量扩面。支持金融机构加强科技赋能，丰富信用贷款产品体系，降低抵押担保要求。构建服务组织体系。开展金融辅导服务，构建省市县三级联动、银行和其他金融机构协同配合的金融辅导体系，将碳减排重点领域企业纳入金融辅导范围，深入基层、园区对重点企业实施优选辅导。培育专业评估机构，推动工程咨询机构、环评机构等第三方评估机构加强制度建设和专业人员配备，提高采集、计算和评估碳排放信息的能力，鼓励新建项目在可行性研究报告、环评报告中明示碳减排数据，为金融机构碳减排贷款投放提供可靠参考依据。遴选推介资质较好、评估结果可靠的第三方评估机构，供金融机构、企业按照市场化原则自行选择。

## 第四节 在国家重大战略绿色金融服务上创新发力

黄河流域生态保护和高质量发展战略、新旧动能转换重大工程、乡村振兴齐鲁样板建设都是山东省主动融入国家发展大局的重大战略，在国家重大战略绿色金融服务上创新发力，把绿色金融活水与绿色发展理念、全面绿色转型融为一体，把绿色金融支持国家战略作为服务实体经济发展的重要体现。

### 一 加快发展绿色金融和转型金融，支持建设黄河下游绿色生态廊道

深入开展"绿色金融全面推进行动"，鼓励各类金融机构积极参与，将绿色金融与山东省黄河流域生态保护和高质量发展战略规划紧密结合，发挥绿色金融在促进绿色低碳发展等方面的重要作用。用好碳减排支持工具和支持煤炭清洁高效利用专项再贷款政

策。相关金融机构要加强与政府行业主管部门沟通，主动营销，做好与碳金融重点项目库企业对接，积极创新产品和服务方式，加大对符合条件项目企业的优惠利率贷款投放力度，支持碳减排和煤炭清洁高效利用重大项目建设，力争山东省获得碳减排支持工具支持的贷款金额、企业数量居全国前列。及时按规定向上级行报送相关贷款台账，争取低成本资金支持。强化环保金融项目对接，推动建立环保金融项目库。各金融机构要加大对入库项目的银企对接力度，持续优化金融服务，量身定做金融支持方案，加大对环保金融项目的支持力度。加强绿色债券和环境权益融资工具创新。各主承销商要加大绿色债券项目储备，支持具备条件的企业发行绿色债务融资工具、碳中和等债务融资工具，探索发行项目收益票据、资产支持票据，为黄河流域生态环境保护提供资金支持。支持地方法人金融机构申报发行绿色金融债、碳中和金融债，募集资金用于支持黄河流域生态保护和高质量发展。围绕东营等生态产品价值实现机制试点，创新"生态资产权益抵押+项目贷"模式，大力推广太阳能发电类信贷产品、合同能源管理项目收益权质押、排污权、水权、用能权或节能量、绿色电力证书等抵质押贷款。推动威海市争创国家级绿色金融改革创新试验区。抓住国家级绿色金融改革创新试验区扩容机遇，坚持"边申报、边实践"原则，同步推进试验区争创与绿色金融创新工作，引导全省绿色金融改革创新工作在威海市先行先试。探索发展转型金融。各金融机构要针对煤炭、煤电、钢铁、化工、建材等行业绿色低碳转型需求，探索构建授信准入、利率定价、风险防控、绩效评价等管理机制，创新具有针对性的转型金融产品，合理满足企业融资需求，有效降低转型成本，坚决避免对煤炭煤电等传统行业实行"一刀切"式的断贷、抽贷。

## 二 加大特色优势产业的绿色金融支持，全力助推新旧动能转换

完善重大项目全链条融资服务，加强山东省融资服务平台应用。中国人民银行各级行要及时将重点企业、项目名单和融资需求发布至平台。各金融机构要积极对接全省尤其是黄河流域重大项目、重点项目，对照项目名单开展专业咨询、走访对接、融资培育全链条融资服务，确保项目对接全覆盖。加强企业技术改造金融服务。各金融机构要充分利用省级"技改专项贷"贴息、担保补助等优惠政策，加大对工业企业特别是制造业企业技术改造的融资支持力度，推动加快产业升级步伐。大力发展供应链金融。各金融机构要积极开展供应链金融产品创新，加快发展应收账款融资、动产担保融资和供应链票据业务。积极配合开展商业汇票信息披露工作，严格落实中国人民银行的要求，对于商票信息未披露或披露信息与实际信息不一致的，不得办理票据贴现、质押、保证等业务。对于供应链金融工作突出的金融机构，按照全省供应链金融财政奖励政策给予奖励支持。加大文旅产业信贷支持，保护、传承、弘扬黄河文化，每年单列不少于50亿元的再贷款，专项用于全省特别是黄河流域文旅产业的金融支持。鼓励金融机构开发符合文化创意产业特点的金融产品，以无形资产、项目未来收益权提供质押担保等方式，实现融资渠道多元化。

## 三 增加农村金融供给，强化绿色金融服务乡村振兴齐鲁样板

聚焦乡村振兴重点领域加大支持力度。各金融机构要做好种业发展金融服务，加大对重点种业企业和高标准农田建设的金融支

持。深化金融服务乡村振兴"一县一品"创建活动,加大对"菏泽牡丹""鲁西黄牛""东阿阿胶"等特色农产品品牌的支持力度。鼓励金融机构在依法合规的前提下,加大对农业农村基础设施的中长期贷款投放。开展金融科技赋能乡村振兴示范工程试点,推动黄河流域沿线城市探索运用新一代信息技术,推进农村金融机制和模式创新。切实做好新型农业经营主体金融服务。落实好《关于加强金融资源供给 助力新型农业经营主体加快发展若干措施的通知》,围绕盘活农村要素资源,进一步拓宽抵质押物范围,推广农村承包土地经营权、保单、农机具、集体资产股权等抵质押贷款业务,努力增加信用贷款投放。发挥考核评估的激励引导作用。按年度对银行业金融机构服务乡村振兴工作成效进行综合评价,引导金融机构把更多金融资源配置到农村经济社会发展的重点领域和薄弱环节,更好地满足乡村振兴多样化金融需求。

## 第五节 在转型金融和碳金融方面创新发力

转型金融和碳金融作为绿色金融的延展和补充,在平衡降碳和发展、支持高碳行业大规模顺利转型方面作用显著。下一步应在转型金融和碳金融方面不断创新发力,更好推进碳达峰碳中和,以及支撑深化新旧动能转换、加快绿色低碳高质量发展先行区建设。

### 一 积极发展转型金融

一是尽快研究制定转型金融标准,编制"两类清单"。作为规范转型资金用途和防范"洗绿"风险的重要手段,科学界定转型金融标准不可或缺,具体可通过编制"两类清单"予以实现:一类是转型活动的界定清单，即明确哪些是转型活动，哪些不是转型活动；另一类是金融机构转型金融的支持清单，即明确转型金融应该重点支持的领域。关于转型活动的界定清单，从国际上相对成熟的经验来看，至少包括以下三个方面的原则：一是转型活动应该具备明确的减碳路径、减碳效果等量化目标（与我国碳中和目标一致）、整个转型周期的时间安排；二是无重大损害原则，即企业的转型活动不应对可持续发展目标（SDGs）造成明显的负面影响；三是针对转型路径相对复杂的企业，如果通过转型金融支持目录无法准确识别，还需通过第三方专业机构加以"转型"认证。关于金融机构转型金融的支持清单，目前国外的星展银行、渣打银行和国内的中国银行、中国建设银行已经推出了自身的转型金融支持清单，结合实践探索，通常合理的支持清单应涵盖政府和监管部门基本达成共识的各个高碳行业的转型活动，当然，为支持更多创新性转型活动的开展，清单中还可涵盖其他通过第三方机构认证且符合转型原则的相关活动。但无论共识类活动还是创新类活动，都建议附加具体的转型量化指标，如能效水平提升、"绿色指数"、减碳降幅等。基于该类清单，金融机构可有效降低转型金融的识别成本，同时也可大幅降低由于投资方无法熟练驾驭转型界定标准而可能带来的"洗绿"风险。

二是加强转型金融制度和产品创新，破除金融机构"谈煤色变"。虽然转型金融非常合适我省能源结构转型发展实际，但针对煤炭、煤电、钢铁、化工等高碳行业，由于没有统一的转型金融信贷政策，无论大小银行，对高碳行业基本都有"慎贷"倾向。建议通过转型金融制度创新和产品创新，激发金融机构内生活力，盘活转型金融万亿级存量市场。在转型金融制度创新层面，建议金融主管部门研究出台"转型信贷授信指导意见"，引导金融机构积极开展转型信贷，科学构建高碳行业的信贷准入、利率定价、授信审批等机制，建立与低碳转型目标挂钩的利率定价机制和产品创新机制，健全容错安排和风险缓释机制，鼓励金融机构为碳减排重点领域内具有显著碳减排效应的项目提供优惠利率融资。引导融资性担保机构加大对转型项目担保增信支持力度，适当降低担保门槛，简化反担保措施，完善对中小企业转型信贷提供担保增信。为避免期限错配，支持符合条件的高碳企业发行可持续发展挂钩债券，募集中长期低碳转型资金。深入开展转型债券创新试点工作，支持民营企业等各类企业注册发行转型债券。在转型金融产品创新层面，在用好央行碳减排支持工具、煤炭清洁高效利用贷款的基础上，积极发展三类转型金融产品：一是可持续发展挂钩贷款。该类贷款是将贷款利率与可持续绩效目标（碳减排、能耗、ESG评级等）挂钩，资金用途较为广泛，不局限于特定绿色项目，是现阶段商业银行应对转型风险推出的金融创新工具。二是可持续发展再挂钩债券。再挂钩债券与挂钩贷款紧密相连，专门募集资金用于支持可持续发展挂钩贷款，票面利率与底层贷款的ESG绩效目标间接挂钩。三是基于碳账户的转型金融贷款。企业碳账户已经在国内部分金融机构推广应用，即商业银行基于目前碳账户提供的关键数据发放适当额度的转型贷款。

三是明确转型信息披露要求，防控转型金融风险。现阶段商业银行的信贷客户中很多属于转型行业，或者有较大的单一转型行业客户，这些企业的转型风险往往会传递至商业银行，可能会引发系统性或单一信用风险。另外，随着全球经济不稳定性因素增多，银行等金融机构面对的转型风险还有可能包括但不限于连带责任风险、资产减值或不良率上升风险、声誉风险等。具体分析，当前转型金融风险主要包括三种类型：一是转型技术更迭替代风险。比如，高碳企业绿色低碳转型过程中，需要投入大量资金研发绿色低碳技术、清洁生产技术等，但技术研发周期较长，而产业链合作企业的绿色环保要求也会经常性调整，一旦技术未能达到要求，就会面临替代风险。二是转型相关市场风险。在供给端，转型成本日益上升，其中包括能源价格上升、节能技改成本上升、碳市场带来的碳成本上升等；在需求端，随着绿色消费意识不断增强，高碳企业产品市场占有率可能下降，造成流动性紧缩。三是转型相关政策和法律风险。现阶段重点高碳行业转型要求日益提高，各类应对气候变化和环境风险管理相关的法律法规接连出台，生态环境领域的监督考核机制更加严厉，整体而言对于高碳企业的政策法规约束不断趋紧，如无法正常达标，转型企业可能会面临停产、限产等风险。此外，相对于绿色金融，转型金融所支持的项目在后期跟踪管理中需要更加严格的信息披露要求。为在支持转型金融的同时防止"洗绿""漂绿"风险发生，建议监管部门明确规范转型融资企业信息披露情况，包括企业转型路径、企业减排情况、转型目标实现情况、环境和社会效益情况、风险因素等。还应加强金融机构特别是中小银行自身能力建设，鼓励金融机构不定期开展转型风险压力测试，将转型风险管理纳入风险管理框架，重点加强工业、能源、交通行业的转型风险评估。

四是打好政策协同组合拳，引导转型投资社会预期。虽然转型资金绝大部分由资本市场筹措，但在转型金融发展的初期阶段，转型投融资相关风险和收益与市场化水平不完全一致，需要加大财政支持力度，发挥好配套政策的协同支持作用。以煤电企业转型为例，在向以新能源为主的业务转型中，除转型金融支持外，还需要土地供给、可再生能源消纳、碳排放权交易等政策支持。特别是在财税方面，要强化财政金融协同推进。可建立转型金融贴息补助、风险补偿等激励机制,对积极主动转型的高碳行业企业,可考虑将碳排放强度下降指标纳入财政补偿范围,也可考虑允许对固定资产加速折旧,对转型融资投资者提供税收减免。建议有关部门对高碳行业转型所需要的配套措施进行全面梳理,通过出台相应措施强化社会资本对转型投资的回报率预期,从而引入更多的金融资源。此外,建议研究设立国家绿色转型协调机制,借鉴服务于长江经济带的国家绿色发展基金模式,探索在黄河流域这样的能源富集带设立国家级的绿色转型基金,针对黄河流域的能源大省、重点区域、高碳行业提供融资支持。当前财政部已经出台了《财政支持做好碳达峰碳中和工作的意见》,并表明要研究设立国家低碳转型基金。可考虑在国家低碳转型基金旗下设立一批子基金,比如,能源行业的转型基金、绿色转型担保基金等。除了国内资本市场,境外资金也可成为支持我省"双碳"目标的重要金融力量。建议加快转型金融国际合作,引入境外资本市场的低成本资金,也可引入国际先进绿色低碳技术,推动标准耦合、理念融合、技术对接。

五是实现关键功能传送,打造转型金融数字化服务平台实现转型金融框架的有效落地,需要借助多维度的数据资源支持,无论是高碳行业的融资需求发布,还是金融机构转型金融产品的推广运营,都需要一个可支撑产品快速迭代创新的数字平台,以便有效解决转型金融市场信息不对称的问题。此外,碳核算、碳资产管理、环境与气候风险管理等各类工具也具有一定的专业复杂性,需要更自动化、智能化的平台支持,因此,打造一个信息系统平台是数字化时代转型金融市场必须面临的任务。建议现阶段有条件的地区积极探索,依托现有各类平台基础,贯通当地综合金融服务平台、融资服务平台、碳达峰碳中和服务平台、相关行业大数据平台等,一体化打造转型金融数字化服务平台。前端通过碳排放相关信息的采

第七章　山东省绿色金融创新发展的对策建议

集，完成转型金融全生命周期的碳核算与碳资产管理；中端实现转型项目认定、环境气候风险识别功能，通过内外部数据采集，完成转型活动评定、气候风险的评估和缓释；后端实现数据分析、监管统计报送功能，根据中国人民银行、银保监会的要求，自动化整理转型信贷、碳排放数据统计等。通过六大功能一体化推进，打开高碳行业低碳转型的业务推送窗口，实现银企对接线上化、减碳核算精准化，满足转型金融管理体系的数字化监管。系统化的服务平台不仅能够极大地提升转型金融市场的资金服务效率和质量，增强转型金融治理能力，而且顺应了科技对金融赋能增效的潮流，帮助金融机构适应转型金融业务集团化、规模化发展。

## 二　积极探索发展碳金融

紧紧抓住全国碳金融市场发展的历史机遇，围绕"走在前、开新局"，立足基础优势，统筹当前和长远，坚持全面推进与重点突破相结合，由易到难、循序渐进，大胆尝试、积极创新、协同发力、久久为功，力争在政策引导、标准制定、试点示范、工具创新、平台搭建、基金设立、凝聚共识等方面取得突破，努力打造山东特色优势和亮点品牌，加快形成若干标志性成果。建议重点抓好"七个强化、实现七个一"。

一是强化顶层设计，制定一套政策标准。在"双碳"工作领导小组下，建立碳金融工作领导协调机制，将碳金融工作开展情况纳入领导小组研究审议内容。加强发展改革、生态环境、人民银行、地方金融监管等部门之间的协同联动，由省发改委牵头，制定出台《碳金融发展三年行动方案（2023—2025年）》，在标准制定、政策措施、激励机制、产品创新等方面明确要求，加快形成制度体系和工作机制，积极构建促进碳金融发展的"四梁八柱"。由财政、能源、农业、自然资源等部门牵头，制定支持发展新能源、碳汇等"负碳"产业的政策措施，推动相关主体纳入CCER和全国碳排放交易市场。推广EOD等模式，对零散化、碎片化的生态资源进行集中收储和整合优化，转换成连片优质的"资产包"，促进"肥瘦搭配"捆绑开发。建立排污权、碳排放权、用能权等低碳权益交易机制、增信机制。在全国率先制定转型金融标准，由省地方金融监管局牵头，制定低碳转型技术指引，编制转型金融支持目录、操作规范，创新完善转型金融支持工具，推动构建转型金融标准体系，规范转型活动和路径的披露机制，为全国转型金融发展积累经验、形成示范。率先在全国突破海洋碳汇、湿地碳汇的核算方法和标准。整合现有碳核查、碳评价力量，做大做强一家国有权威的碳核查、碳复核机构，提升公信力、影响力，为企业参与碳排放权交易、国家核证自愿减排量以及碳关税信息披露等提供权威的碳核查及碳信用背书，打造全国标杆。针对数据造假问题，利用信用手段规范碳核查机构，在全国率先探索制定碳排放核查验证行业准则和专业资质认证办法，建立碳核查机构黑白名单制度，强化信用赋能和监管。

二是强化标准量化，建设一本账户。分阶段分领域推进碳账户建设。依托省发展改革委正在建设的覆盖5000多家企业的"两高"行业电子监管平台，率先在全国省级层面建立重点能耗企业工业碳账户，并逐步推广到全行业。选择部分地区和行业试点农业碳账户和中小企业碳账户，条件合适时全面推开。碳账户可以实现以下功能：第一，通过全天候全过程全周期数据采集、统计分析，对比行业基准值对企业碳排放强度进行标识，将"两高"重点行业企业按照能效碳耗标识为"红、橙、浅绿、深绿"不同类别，为金融机构针对性开发碳金融产品及防范气候融资风险提供支撑。第二，通过碳账户将企业碳表现纳入授信流程及可持续发展挂钩债券等过程管理，动态分析企业碳表现情况，对出现重点指标数据异常的，视情况中止信贷资金拨付或调高利率。第三，解决碳信息披露的科学计量问题。依托碳账户对发放贷款及债券的项目进行碳效分析，对比贷前贷后的碳减排量、单位贷款碳排放强度等，形成科学、便捷、经济的信贷碳效益评估体系，同时可为企业ESG（环境、社会责任和公司治理）、信息评估披露提供权威统一的标准数据。由发展改革、生态环境等部门牵头，依托工业碳账户能效评级及其他条件标准，制定绿色低碳企业及项目评价认定条件，帮助各类金融机构建立批量、精准对接机制，为金融管理部门、政府部门、金融机构在产业政策、市场准入、信贷政策、行业监管等方面制定差异化政策、实施精细化管理提供基础。

　　三是强化信息共享，打造一个平台。建立集融资服务、披露核查、评价评级、政策集成于一体的碳金融服务平台。依托省发展改革委"信易贷"平台，引入碳排放核查机构、环境咨询评价机构、金融机构、投资机构等，利用碳账户大数据赋能，以信用信息监管为支撑，打造一体化"大数据+信用"碳金融数字服务平台，推动我省碳征信、碳普惠建设，并可辐射整个黄河流域9个省区。主要服务功能包括四个板块，一是融资服务，包括银行信贷、资本对接、融资担保等；二是评价评级，包括绿色低碳企业、项目认定和信息共享；三是披露核查，集合碳配额、碳排放核查、能评、环评等信息，一定范围提供公开查询，出具碳征信报告；四是政策集成，提供绿色低碳有关政策的查询、辅导和申报。同时，碳金融平台集合各方核查数据，通过开发算法模型实现数据比较校核，可以在一定程度上预警碳核查数据不实等问题。由省科技厅牵头，依托山东省绿色技术银行，推动相关清洁生产等技术研发和成果转化，聚焦绿色技术信息、转移转化、金融服务"三大模块",探索"技术+金融+应用"创新模式,加强与碳排放权交易融合互动,积极推行技术降碳,助力碳金融业务开展。

四是强化探索示范,推进一批试点。充分利用国务院大督察激励政策,争取使威海成为国家级绿色金融改革创新试验区,并在海洋碳汇交易等领域实现率先突破。发挥青岛西海岸新区气候投融资试点的示范引领作用,积极争取各全国性金融保险机构将碳金融创新试点工作落地山东,形成规范标准,打造碳金融服务创新的"齐鲁样板",适当时机争取创建全省域国家级碳金融创新发展示范区。由省发展改革委、中国人民银行济南分行等牵头,围绕碳账户、碳汇交易、转型金融、碳金融集聚区、区域碳金融中心建设等领域,分批分类在各市布局一批试点,实行"一地探索、全省推广"。由中国人民银行济南分行、省地方金融监督管理局、山东银保监局牵头,加强银行保险机构总分支联动创新,探索设立碳金融事业部(业务中心)、专营服务机构,推动地方法人银行制定碳金融发展战略框架,打造若干"赤道银行",授牌若干"零碳银行"。在碳资产抵质押贷款、转型贷、碳汇融资、个人碳账户等方面,开展碳金融服务示范和服务模式创新,打造3—5个银行保险业碳金融创新示范点,推动建立碳金融普惠体系,形成一批可推广、可复制的碳金融创新经验和品牌。

五是强化工具赋能,创新一批产品。生态环境部门牵头,及早谋划全国碳交易市场第二个履约周期的管理,做好拟纳入行业的前期准备工作,分行业建立重点企业名录,引导重点排放企业参与碳市场交易。由中国人民银行济南分行、省地方金融监督管理局牵头,出台碳金融业务指引,建立碳金融统计标准,将碳金融业务开展情况纳入宏观审慎评价监管考核范围。探索碳效贷、绿色资产证券化等产品，发展碳排放权、用能权等碳排放抵质押业务，创新碳基金、碳保险、碳信托等服务，制定碳中和债券、可持续发展挂钩债等奖补措施，开辟碳债券发行绿色通道，构建多场景的绿色信贷保险体系。将碳金融产品创新纳入省新旧动能转换金融产品创新评选，丰富扩大场景应用，为其他企业打样示范，形成一批可看、可学、可用的示范场景，扩大碳金融相关政策及落地成果的认知度和影响力。

六是强化财政金融联动，建立一类基金。建立"双碳"政府引导基金和各类产业碳基金。由财政部门牵头，争取财政部、国家绿色发展基金、中国清洁发展机制基金等支持，对接财政部即将设立的500亿元国家低碳转型基金，由省财政出资并吸引社会资本，整合相关产业基金，设立山东省碳达峰碳中和基金，分类分级构建规模化、体系化的绿色低碳基金群。利用基金直投的方式，重点支持新能源开发利用、高碳行业绿色低碳转型、绿色低碳科技创新和基础能力建设、碳汇能力巩固提升等。积极吸引国际支持清洁能源建设相关资金，复制推广绿色发展基金对接国际金融组织贷款的经验，做大做强我省绿色基金，重点服务光伏、风电、氢能、生物质能源等碳减排项目的投资开发。财政部门牵头，充分发挥省投融资担保集团的作用，为企业开展碳融资提供增信服务；探索建立政府性融资担保机构风险代偿补偿机制，为纳入全省政府性融资担保体系的担保、再担保机构为中小企业碳信贷提供的担保、再担保业务给予一定风险补偿。山东省发展改革委、山东银保监局、山东省社会保障基金理事会等根据各自职能，分别研究制定办法和措施，引导创业投资、股权投资、社保基金、保险资金等长期资本，开展对减碳降碳项目的投资。由国有资产管理和相关部门牵头，优化国有投资机构激励机制、容错机制和考核评价机制，引导国有资本支持碳金融发展。

七是强化全民参与，凝聚一种共识。积极引导企业提前布局应对碳关税影响，开展碳关税压力测试，围绕相关企业的碳信息披露及碳关税影响等进行辅导培训，引导企业深化对碳减排在全球产业链、供应链作用的认识。加强碳金融国际交流合作，搭建国内外碳金融合作平台，举办碳金融国际论坛等论坛、峰会、会展活动，提高山东碳金融国际影响力。大力培养、引进国内外从事碳金融领域研究、开发、管理等各方面的人才，鼓励省内高校设立碳金融专业课程，将碳金融人才纳入省市相关重点人才目录。发挥好中国农业银行绿色金融创新实验室的作用，组建"双碳"产业和碳金融研究院，指导建立碳金融协会，每年度发布碳金融发展白皮书。广泛推行企业 ESG 报告发布制度，将减碳降碳作为一种思想自觉和行动自觉，努力形成发展碳金融的良好社会环境和广泛共识。

## 第六节　在健全绿色金融制度体系上创新发力

绿色金融制度体系，不仅包括绿色金融政策规制本身，还包括需要协同配合的财税政策，如财政贴息、绿色财政政策等，此外信用平台建设、人才队伍建设等外部保障也要同步发力，多措并举更大程度地激发山东省绿色金融创新活力，共同完善山东省绿色金融制度体系建设。

### 一　加大政策激励力度，提升金融机构开展绿色金融积极性

加大政府对绿色金融产品创新、绿色信用贷款、绿色金融高端

人才、绿色企业上市等的奖励补贴力度；创新政府与金融机构的风险共担机制，由政府财政出资，通过风险补偿、绿色贴息等措施对绿色金融产品和服务进行支持。比如，利用政府债券资金支持生态环境保护、支持符合条件的绿色产业企业上市和再融资、开展环境基础设施资产证券化、对绿色债券进行贴息等；对为中小企业绿色信贷提供担保的第三方担保机构进行风险补偿、对为绿色债券发行提供担保的第三方担保机构给予奖励、建立中小企业绿色集合债担保风险补偿机制等。

## 二 加强绿色财政与绿色金融协调联动

从目前其他省份的做法来看，财政金融联动是引导金融资源向绿色产业配置的重要推动力。如江苏省制定了一揽子"财政+金融"政策，浙江省设立了金融发展专项基金，并每年安排财政专项资金支持绿色金融发展。在调研中发现，山东省财政直接补贴多、财政贴息小，且贴息政策具体运用有限，财政资金撬动社会资本进入绿色项目的作用不够明显。要发挥绿色奖补"推动"作用。对在山东省碳减排支持工具发展较好的银行机构，可在省、市财政层面专项切分一定比例的"省级国库资金"和地市财政资金存款予以奖励，在社保资金和地方债募集资金招标中给予加分。探索将碳排放强度下降指标纳入财政补偿范围，以发挥绿色基金"拉动"作用。鼓励将符合条件的绿色领域建设项目纳入政府专项债券支持范围，鼓励有条件的地方政府和社会资本按市场化原则联合设立绿色低碳类基金，以市场化方式投资清洁能源、绿色交通、绿色建筑等领域的实体和项目。发挥绿色PPP"撬动"作用。对于符合条件的环保类PPP项目，给予前期费用补贴，提高落地奖补标准。探索绿色PPP与基础设施领域不动产投资信托基金（REITs）融合发展。开展财政金融融合支持绿色低碳转型试点。遴选10个财政政策支持绿色金融改革创新较好的市县开展试点，省财政联合各有关部门，每年结合各试点县上报试点方案及绩效评价指标体系，不定期对试点工作开展绩效评价，评价结果作为分配资金的重要参考。对绩效评价分数较低、成效较差的取消试点资格。

### 三 推动开展绿色金融国际合作

加强与国际金融公司、世界银行、亚洲开发银行、全球环境基金、绿色气候基金、中国清洁发展机制基金等国内外金融专业机构合作，为山东省绿色金融发展提供资金和智力支持。支持地方法人金融机构和企业通过境外发债募集资金，支持境外投资者投资省内绿色债券、绿色股票等金融资产。探索推进中日韩绿色金融合作。

### 四 开展绿色金融培训和专门人才引进

依托绿色金融领域的各层级协会和学会，积极开展绿色金融项目培训。支持高等院校开设绿色金融课程，探索设立绿色金融本科专业或者硕士、博士方向。鼓励金融机构与高等院校、科研机构加强合作，共同设立绿色金融创新发展研究室，培养兼具理论和实践经验的绿色金融专业人才。针对银行从业人员缺乏绿色企业、绿色技术相关知识和产品设计能力的问题，建议组织专题培训班，系统提升从业人员绿色金融专业能力，也可直接引进国外绿色金融人才，快速提升金融机构的专业水平。

### 五 防控绿色金融风险

建立绿色金融风险监测和评估机制。组织金融机构开展环境风险压力测试，定期开展融资客户环境风险排查，适度控制大中型绿色项目的杠杆率和偿付能力等信用风险指标。督促金融机构加强绿色金融产品的后续管理，严格监控资金用途，发现违规问题及时采取必要的风险控制措施。加强绿色金融监管协调。综合运用宏观审慎和微观审慎监管工具，建立健全客户重大环境风险动态评估、内部报告制度、公开披露制度、责任追究制度，防范绿色信贷和绿色债券的违约风险，防止出现绿色项目杠杆率过高、资本空转和"洗绿"等问题。

# 参考文献

曹廷求、张翠燕、杨雪：《绿色信贷政策的绿色效果及影响机制——基于中国上市公司绿色专利数据的证据》，《金融论坛》2021年第5期。

陈诗一、祁毓：《实现碳达峰、碳中和目标的技术路线、制度创新与体制保障》，《广东社会科学》2022年第2期。

陈伟光、胡当：《绿色信贷对产业升级的作用机理与效应分析》，《江西财经大学学报》2011年第4期。

陈雨露：《推动绿色金融标准体系建设》，《中国金融》2018年第20期。

陈智莲、高辉、张志勇：《绿色金融发展与区域产业结构优化升级——以西部地区为例》，《西南金融》2018年第11期。

邓丽君：《碳中和绿色转型、绿色投资与生态环境质量》，《统计与决策》2021年第18期。

邓明君、罗文兵、尹立娟：《国外碳中和理论研究与实践发展述评》，《资源科学》2013年第5期。

邓翔：《绿色金融研究述评》，《中南财经政法大学学报》2012年第6期。

邓旭、谢俊、滕飞：《何谓"碳中和"？》，《气候变化研究进展》

2021年第1期。

丁杰：《绿色信贷政策、信贷资源配置与企业策略性反应》，《经济评论》2019年第4期。

董晓红、富勇：《绿色金融发展及影响因素时空维度分析》，《统计与决策》2018年第20期。

董昕：《绿色金融：现存问题及体系构建》，《当代经济管理》2015年第9期。

杜莉、郑立纯：《我国绿色金融政策体系的效应评价——基于试点运行数据的分析》，《清华大学学报》（哲学社会科学版）2019年第1期。

冯兰刚、阳文丽、赵庆等：《绿色金融对工业污染影响效应的统计检验》，《统计与决策》2022年第6期。

冯宗宪：《基于碳中和的碳达峰目标设立和行动》，《探索与争鸣》2021年第9期。

傅亚平、彭政钦：《绿色金融发展、研发投入与区域经济增长——基于省级面板门槛模型的实证》，《统计与决策》2020年第21期。

高晓燕、王治国：《绿色金融与新能源产业的耦合机制分析》，《江汉论坛》2017年第11期。

郭芳、王灿、张诗卉：《中国城市碳达峰趋势的聚类分析》，《中国环境管理》2021年第1期。

何建坤：《碳达峰碳中和目标导向下能源和经济的低碳转型》，《环境经济研究》2021年第1期。

洪艳蓉：《论碳达峰碳中和背景下的绿色债券发展模式》，《法律科学》（西北政法大学学报）2022年第2期。

侯正猛、熊鹰、刘建华等：《河南省碳达峰与碳中和战略、技术路线和行动方案》，《工程科学与技术》2022年第1期。

胡鞍钢：《中国实现2030年前碳达峰目标及主要途径》，《北京工业大学学报》（社会科学版）2021年第3期。

胡剑波、罗志鹏、李峰：《"碳达峰"目标下中国碳排放强度预测——基于LSTM和ARIMA-BP模型的分析》，《财经科学》2022年第2期。

胡梦达、郑浩然：《绿色金融风险评价指标体系构建与治理对策》，《统计与决策》2020年第24期。

黄建欢、吕海龙、王良健：《金融发展影响区域绿色发展的机理——基于生态效率和空间计量的研究》，《地理研究》2014年第3期。

蓝虹、任子平：《建构以PPP环保产业基金为基础的绿色金融创新体系》，《环境保护》2015年第8期。

雷汉云、王旭霞：《环境污染、绿色金融与经济高质量发展》，《统计与决策》2020年第15期。

李虹、袁颖超、王娜：《区域绿色金融与生态环境耦合协调发展评价》，《统计与决策》2019年第8期。

李建涛、梅德文：《绿色金融市场体系：理论依据、现状和要素扩展》，《金融论坛》2021年第6期。

李江涛、黄海燕：《绿色金融的生态环境效应——双碳目标下粤港澳大湾区的实践检验》，《广东财经大学学报》2022年第1期。

李美洲、胥爱欢、邓伟平：《美国州政府支持绿色金融发展的主要做法及对我国的启示》，《西南金融》2017年第3期。

李晓西：《绿色金融盈利性与公益性关系分析》，《金融论坛》2017年第5期。

李艳：《金融支持碳达峰碳中和的基层实践》，《中国金融》2022年第3期。

李增福、冯柳华、麦诗琪等：《绿色信贷抑制了碳排放吗？——基于中国省级面板数据的研究》，《上海金融》2022年第1期。

李张怡、刘金硕：《双碳目标下绿色建筑发展和对策研究》，《西南金融》2021年第10期。

李治国、王杰：《中国碳排放权交易的空间减排效应：准自然实验与政策溢出》，《中国人口·资源与环境》2021年第1期。

连莉莉：《绿色信贷影响企业债务融资成本吗？——基于绿色企业与"两高"企业的对比研究》，《金融经济学研究》2015年第5期。

廖筠、胡伟娟、杨丹丹：《绿色信贷对银行经营效率影响的动态分析——基于面板VAR模型》，《财经论丛》2019年第2期。

廖林：《发展绿色金融提升服务"双碳"质效》，《中国金融》2022年第4期。

林卫斌、朱彤：《实现碳达峰与碳中和要注重三个"统筹"》，《价格理论与实践》2021年第1期。

刘华珂、何春：《绿色金融促进城市经济高质量发展的机制与检验——来自中国272个地级市的经验证据》，《投资研究》2021年第7期。

刘婧宇、夏炎、林师模等：《基于金融CGE模型的中国绿色信贷政策短中长期影响分析》，《中国管理科学》2015年第4期。

刘文文、张畅：《我国绿色金融的现状与发展瓶颈——基于消费金融和科技金融视角的破局思路》，《西南金融》2020年第11期。

刘星、聂春光：《中国工业经济发展与工业污染排放的变化》，《统计与决策》2007年第4期。

陆菁、鄢云、王韬璇：《绿色信贷政策的微观效应研究——基于技术创新与资源再配置的视角》，《中国工业经济》2021年第1期。

陆旸：《中国的绿色政策与就业：存在双重红利吗？》，《经济研究》2011年第7期。

马骏、安国俊、刘嘉龙：《构建支持绿色技术创新的金融服务体系》，《金融理论与实践》2020年第5期。

麦均洪、徐枫：《基于联合分析的我国绿色金融影响因素研究》，《宏观经济研究》2015年第5期。

莫凌水、翟永平、张俊杰：《"一带一路"绿色投资标尺和绿色成本效益核算》，《中国人民大学学报》2019年第4期。

牛海鹏、张夏羿、张平淡：《我国绿色金融政策的制度变迁与效果评价——以绿色信贷的实证研究为例》，《管理评论》2020年第8期。

牛建芳：《浅析企业绿色融资发展的现实困境及完善路径》，《金融发展研究》2019年第2期。

潘家华：《压缩碳排放峰值加速迈向净零碳》，《环境经济研究》2020年第4期。

彭珊：《基于金融功能视角的绿色金融发展研究》，《金融与经济》2019年第7期。

秦天宝：《整体系统观下实现碳达峰碳中和目标的法治保障》，《法律科学》（西北政法大学学报）2022年第2期。

曲越、秦晓钰、黄海刚等：《碳达峰碳中和的区域协调：实证与路径》，《财经科学》2022年第1期。

饶淑玲：《绿色金融的气候风险管理》，《中国金融》2020年第9期。

邵汉华、刘耀彬：《金融发展与碳排放的非线性关系研究——基于面板平滑转换模型的实证检验》，《软科学》2017年第5期。

邵学峰、方天舒：《区域绿色金融与产业结构的耦合协调度分析——基于新制度经济学的视角》,《工业技术经济》2021 年第 1 期。

史代敏、施晓燕:《绿色金融与经济高质量发展:机理、特征与实证研究》,《统计研究》2022 年第 1 期。

四川省金融学会课题组:《我国绿色金融发展路径探索——以四川省为例》,《西南金融》2018 年第 4 期。

苏冬蔚、连莉莉:《绿色信贷是否影响重污染企业的投融资行为?》,《金融研究》2018 年第 12 期。

孙光林、王颖、李庆海:《绿色信贷对商业银行信贷风险的影响》,《金融论坛》2017 年第 10 期。

孙秋枫、年综潜:《"双碳"愿景下的绿色金融实践与体系建设》,《福建师范大学学报》(哲学社会科学版)2022 年第 1 期。

孙英杰、林春:《试论环境规制与中国经济增长质量提升——基于环境库兹涅茨倒 U 型曲线》,《上海经济研究》2018 年第 3 期。

陶黎、孟庆军、唐勇军:《基于网络分析法的银行绿色金融业务风险及对策分析》,《金融与经济》2017 年第 5 期。

田超、肖黎明:《绿色信贷会促进重污染企业技术创新吗?——基于〈绿色信贷指引〉的准自然实验》,《中国环境管理》2021 年第 6 期。

王灿:《碳中和愿景下的低碳转型之路》,《中国环境管理》2021 年第 1 期。

王洁方、田晨萌:《基于省域协同的中国低成本碳达峰:责任共担与利益调控》,《统计与决策》2022 年第 5 期。

王康仕、孙旭然、王凤荣:《绿色金融、融资约束与污染企业投资》,《当代经济管理》2019 年第 12 期。

王丽萍、徐佳慧、李创:《绿色金融政策促进企业创新的作用机制与阶段演进》,《软科学》2021 年第 12 期。

王韧:《环境规制与绿色技术创新的动态关联——基于"波特假说"的再检验》,《科技管理研究》2020年第8期。

王韧:《绿色金融、技术创新与绿色政策——基于耦合模型与灰色关联模型的实证分析》,《金融理论与探索》2019年第6期。

王韧:《中国绿色金融治理效应评估及绿色政策选择——基于334家公众公司的微观数据》,《宏观经济研究》2021年第6期。

王婷婷:《绿色金融试验田政策对地区零碳目标影响研究》,《金融与经济》2021年第12期。

王小江、祝晓光:《提升绿色金融政策执行力的途径》,《环境保护》2009年第15期。

王馨、王营:《绿色信贷政策增进绿色创新研究》,《管理世界》2021年第6期。

王修华、刘娜:《我国绿色金融可持续发展的长效机制探索》,《理论探索》2016年第4期。

王遥、潘冬阳:《金融推动碳中和进程——"绿色金融学术研讨会"综述》,《中央财经大学学报》2021年第11期。

王玉婧、江航翔:《以绿色金融助推低碳产业发展的路径分析》,《武汉金融》2017年第4期。

危平、舒浩:《中国资本市场对绿色投资认可吗?——基于绿色基金的分析》,《财经研究》2018年第5期。

文福拴、鲁刚、黄杰:《面向碳达峰、碳中和的综合能源系统》,《全球能源互联网》2022年第2期。

翁智雄、葛察忠、段显明等:《国内外绿色金融产品对比研究》,《中国人口·资源与环境》2015年第6期。

吴婷婷、肖晓:《供给侧结构性改革视角下中国绿色金融体系的构建研究》,《西南金融》2018年第1期。

肖成志、赵淑霞：《新业态新模式下我国绿色金融发展的思考》，《区域金融研究》2017年第6期。

谢乔昕、张宇：《绿色信贷政策、扶持之手与企业创新转型》，《科研管理》2021年第1期。

谢婷婷、刘锦华：《绿色信贷如何影响中国绿色经济增长？》，《中国人口·资源与环境》2019年第9期。

信瑶瑶、唐珏岚：《碳中和目标下的我国绿色金融：政策、实践与挑战》，《当代经济管理》2021年第10期。

徐胜、赵欣欣、姚双：《绿色信贷对产业结构升级的影响效应分析》，《上海财经大学学报》2018年第2期。

徐政、左晟吉、丁守海：《碳达峰、碳中和赋能高质量发展：内在逻辑与实现路径》，《经济学家》2021年第11期。

阎庆民：《构建以"碳金融"为标志的绿色金融服务体系》，《中国金融》2010年第4期。

杨长进、田永、许鲜：《实现碳达峰、碳中和的价税机制进路》，《价格理论与实践》2021年第1期。

杨解君：《实现碳中和的多元化路径》，《南京工业大学学报》（社会科学版）2021年第2期。

杨林、邹江：《绿色金融助推乡村振兴的内在机理与逻辑框架》，《西南金融》2019年第5期。

杨熠、李余晓璐、沈洪涛：《绿色金融政策、公司治理与企业环境信息披露——以502家重污染行业上市公司为例》，《财贸研究》2011年第5期。

殷兴山：《绿色金融支持碳达峰碳中和的浙江实践》，《中国金融》2022年第1期。

尹艳冰：《基于ANP的绿色产业发展评价模型》，《统计与决策》

2010 年第 23 期。

尹子擘、孙习卿、邢茂源：《绿色金融发展对绿色全要素生产率的影响研究》，《统计与决策》2021 年第 3 期。

尤志婷、彭志浩、黎鹏：《绿色金融发展对区域碳排放影响研究——以绿色信贷、绿色产业投资、绿色债券为例》，《金融理论与实践》2022 年第 2 期。

于波、陈红、周宁：《绿色信贷、金融科技与商业银行盈利能力》，《统计与决策》2021 年第 14 期。

于连超、张卫国、毕茜：《环境税会倒逼企业绿色创新吗?》，《审计与经济研究》2019 年第 2 期。

于志慧、冯宜强：《基于随机前沿分析（SFA）的安徽省绿色金融发展效率研究》，《西华大学学报》（哲学社会科学版）2018 年第 7 期。

余碧莹、赵光普、安润颖等：《碳中和目标下中国碳排放路径研究》，《北京理工大学学报》（社会科学版）2021 年第 2 期。

俞毛毛、马妍妍：《绿色金融政策与地区出口质量提升——基于绿色金融试验区的合成控制分析》，《中国地质大学学报》（社会科学版）2022 年第 2 期。

喻平、张敬佩：《区域绿色金融与高质量发展的耦合协调评价》，《统计与决策》2021 年第 24 期。

张晨、董晓君：《绿色信贷对银行绩效的动态影响——兼论互联网金融的调节效应》，《金融经济学研究》2018 年第 6 期。

张芳、李紧想、王锋：《长三角金融集聚、城镇化对绿色经济发展的影响——基于状态空间模型及中介效应检验的长期动态分析》，《金融发展研究》2018 年第 11 期。

张国兴、张振华、刘鹏等：《我国碳排放增长率的运行机理及预测》，《中国管理科学》2015年第12期。

张婷、李泽辉：《"碳达峰、碳中和"目标下绿色金融的减排效应及其作用机制分析》，《华北金融》2022年第3期。

张伟伟、李天琦、高锦杰：《"一带一路"沿线国家绿色金融合作机制构建研究》，《经济纵横》2019年第3期。

张希良、黄晓丹、张达等：《碳中和目标下的能源经济转型路径与政策研究》，《管理世界》2022年第1期。

张晓娣：《正确认识把握我国碳达峰碳中和的系统谋划和总体部署——新发展阶段党中央双碳相关精神及思路的阐释》，《上海经济研究》2022年第2期。

张秀生、李子明：《"绿色信贷"执行效率与地方政府行为》，《经济问题》2009年第3期。

张雅欣、罗荟霖、王灿：《碳中和行动的国际趋势分析》，《气候变化研究进展》2021年第1期。

张永生：《为什么碳中和必须纳入生态文明建设整体布局——理论解释及其政策含义》，《中国人口·资源与环境》2021年第9期。

张宇、钱水土：《绿色金融、环境技术进步偏向与产业结构清洁化》，《科研管理》2021年第11期。

张宇、钱水土：《绿色金融理论：一个文献综述》，《金融理论与实践》2017年第9期。

张媛媛、袁奋强、陈利馥：《区域产业依存度能改变绿色信贷政策对企业创新投资的影响吗——来自准自然实验的证据》，《宏观经济研究》2021年第3期。

赵玉焕、钱之凌、徐鑫：《碳达峰和碳中和背景下中国产业结构升级对碳排放的影响研究》，《经济问题探索》2022年第3期。

郑馨竺、梁安妮：《在碳中和愿景下缩小贫富差距：协同理论、机制与路径》,《中国环境管理》2022年第1期。

钟永飞、孙慧、郭海:《模拟碳减排目标下绿色转型对地区经济的影响——基于DSGE模型的研究》,《上海金融》2017年第7期。

朱海玲:《绿色经济评价指标体系的构建》,《统计与决策》2017年第5期。

朱兰:《"双碳"目标下加快推进我国碳金融市场发展的路径探究》,《农村金融研究》2021年第10期。

朱向东、周心怡、朱晟君等:《中国城市绿色金融及其影响因素——以绿色债券为例》,《自然资源学报》2021年第12期。

庄贵阳、窦晓铭、魏鸣昕:《碳达峰碳中和的学理阐释与路径分析》,《兰州大学学报》(社会科学版)2022年第1期。

Addo-Bankas, O., Zhao, Y. Q., Vymazal, J., et al., "Green Walls: a Form of Constructed Green Buildings", *Ecological Engineering*, Vol. 169, No. 9, 2021.

Ahmad, M., et al., "Dynamic Interactive Links Among Sustainable Energy Investment, Air Pollution, and Sustainable Development in Regional China", *Environ. Sci. Pollut. Res*, Vol. 28, No. 2, 2021.

Alonso-Conde, A. B., Rojo-Suarez, J., "On the Effect of Green Bonds on the Profit ability and Credit Quality of Project Financing", *Sustainability*, Vol. 12, No. 16, 2020.

Cai, R., Guo, J. L., "Finance for the Environment: A Scientometrics Analysis of Green Finance", *Mathematics*, Vol. 9, No. 13, 2021.

Chen, X., Chen, Z. G., "Can Green Finance Development Reduce Carbon Emissions? Empirical Evidence from 30 Chinese Provinces", *Sustainability*, Vol. 13, No. 21, 2021.

Dong, M., Li, C., "Net Carbon Emission Reduction Effect of

the Pilot Policies in Low-Carbon Provinces", *Resour. Environ*, Vol. 30, No. 11, 2020.

Fang, Y., Shao, Z. Q., "Whether Green Finance Can Effectively Moderate the Green Technology Innovation Effect of Heterogeneous Environmental Regulation", *International Journal of Environmental Research and Public Health*, Vol. 19, No. 6, 2020.

Feng, Z., et al., "The Impact of Household Consumption on Energy Use and $CO_2$ Emissions in China", *Energy*, Vol. 36, No. 1, 2011.

Hertwich, E. G., Peters, G. P., "Carbon Footprint of Nations: A Global, Trade-linked Analysis", *Environmental Science & Technology*, Vol. 43, No. 16, 2009.

Huang, H. F., Zhang, J., "Research on the Environmental Effect of Green Finance Policy Based on the Analysis of Pilot Zones for Green Finance Reform and Innovations", *Sustainability*, Vol. 13, No. 7, 2021.

Huang, Y. M., Chen, C., "The Spatial Spillover and Threshold Effect of Green Finance on Environmental Quality: Evidence From China", *Environmental Science and Pollution Research*, Vol. 29, No. 12, 2022.

Jung, H., Song, S., Ahn, Y., et al., "Effects of Emission Trading Schemes on Corporate Carbon Productivity and Implications for Firm-Level Responses", *Sci. Rep*, Vol. 11, No. 1, 2021.

Lee, C. T., Hashim, H., Ho, C. S., et al., "Low-carbon Asia: Technical Contributions to an Ambitious Goal for Sustainability", *Clean Technologies and Environmental Policy*, Vol. 18, No. 8, 2016.

LEEJW, "Green Finance and Sustainable Development Goals: The Case of China", *The Journal of Asian Finance, Economics and Business, Vol. 7, No. 7, 2020.

Li, C. G., Gan, Y., "The Spatial Spillover Effects of Green Finance on Ecological Environment-Empirical Research Based on Spatial Econometric Model", *Environmental Science and Pollution Research*, Vol. 28, No. 5, 2021.

Li, L., Dong, J., Song, Y., "Impact and Acting Path of Carbon Emission Trading on Carbon Emission Intensity of Construction Land: Evidence from Pilot Areas in China", *Sustainability*, Vol. 12, No. 19, 2020.

Li, W. A., Cui, G. Y., Zheng, M. N., "Does Green Credit Policy Affect Corporate Debt Financing? Evidence from China", *Environmental Science and Pollution Research*, Vol. 29, No. 4, 2022.

Liu, H., Zhang, J., Zhang, X., "China's Carbon Emission Responsibility and Image from the Perspective of Global Supply Chain", *Resour. Sci*, Vol. 43, No. 4, 2021.

Millward-Hopkins, J., et al., "Uncovering Blind Spots in Urban Carbon Management: The Role of Consumption-Based Carbon Accounting in Bristol, UK", *Reg. Environ. Change*, Vol. 17, No. 5, 2017.

Nedopil, C., Dordi, T., Weber, O., "The Nature of Global Green Finance Standards-Evolution, Differences, and Three Models", *Sustainability*, Vol. 13, No. 7, 2021.

Ou, J., et al., "Mapping Global Fossil Fuel Combustion $CO_2$ Emissions at High Resolution By Integrating Nightlight, Population Density, and Traffic Network Data", *IEEE J. Sel. Top. Appl. Earth Obs. Rem. Sens*, Vol. 9, No. 4, 2015.

Qin, J. J., Zhao, Y. H., Xia, L. J., "Carbon Emission Reduction with Capital Constraint under Greening Financing and Cost Sharing Contract", *International Journal of Environmental Research and Public Health*, Vol. 15, No. 4, 2018.

Sharma, S. S., "Determinants of Carbon Dioxide Emissions: Empirical Evidence from 69 Countries", *Appl. Energy*, Vol. 88, No. 1, 2011.

Sun, Q., Wu, Q., Cheng, J., et al., "How Industrialization Stage Moderates the Impact of China's Low-Carbon Pilot Policy?", *Sustainability*, Vol. 12, No. 24, 2020.

Sundararajan, P., Vivek, N., "Green Finance for Sustainable Green Economic Growth in India", *Agricultural Economics-Zemedelska Ekonomika*, Vol. 62, No. 1, 2016.

Wan, Y. Y., Sheng, N., "Clarifying the Relationship Among Green Investment, Clean Energy Consumption, Carbon Emissions, and Economic Growth: The Relationship Analysis of China", *Environmental Science and Pollution Research*, Vol. 29, No. 6, 2022.

Wang, F. S., Cai, W. X., Elahi, E., "Do Green Finance and Environmental Regulation Play a Crucial Role in the Reduction of $CO_2$ Emissions? An Empirical Analysis of 126 Chinese Cities", *Sustainability*, Vol. 13, No. 23, 2021.

Wang, L., Yan, Y., "Environmental Regulation Intensity, Carbon Footprint and Green Total Factor Productivity of Manufacturing Industries", *International Journal of Environmental Research and Public Health*, Vol. 19, No. 1, 2022.

Wang, X. Y., Zhao, H. K., Bi, K. X., "The Measurement of Green Finance Index and the Development Forecast of Green Finance in China", *Environmental and Ecological Statistics*, Vol. 28, No. 2, 2021.

Wiedemann, T., et al., "Three-scope Carbon Emission Inventories of Global Cities", *J. Ind. Ecol*, Vol. 25, No. 3, 2021.

Wiedenhofer, D., et al., "Unequal Household Carbon Footprints in China", *Nat. Clim. Change*, Vol. 7, No. 1, 2017.

Xu, H. J., Mei, Q., Shahzad, F., et al., "Untangling the Impact of Green Finance on the Enterprise Green Performance: A Meta-Analytic Approach", *Sustainability*, Vol. 12, No. 21, 2020.

Yan, Y., et al., "Factors Influencing Indirect Carbon Emission of Residential Consumption in China: A Case of Liaoning Province", *Sustainability*, Vol. 11, No. 16, 2019.

Ye, T. F., Xiang, X. L., Ge, X. Y., et al., "Research on Green Finance and Green Development Based Eco-Efficiency and Spatial Econometric Analysis", *Sustainability*, Vol. 14, No. 5, 2022.

Zeng, Y. T., Wang, F., Wu, J., "The Impact of Green Finance on Urban Haze Pollution in China: A Technological Innovation Perspective", *Energies*, Vol. 15, No. 3, 2022.

Zhang, B. F., Wang, Y. F., "The Effect of Green Finance on Energy Sustainable Development: A Case Study in China", *Emerging Markets Finance and Trade*, Vol. 57, No. 12, 2019.

Zhang, M., Wang, W. W., "Analysis of Spatial Distribution of Global Energy-related $CO_2$ Emissions", *Natural Hazards*, Vol. 73, No. 2, 2014.

Zhang, Y., et al., "The Linkages of Sectoral Carbon Dioxide Emission Caused by Household Consumption in China: Evidence from the Hypothetical Extraction Method", *Empir. Econ*, Vol. 54, No. 4, 2018.

Zheng, G. W., Siddik, A., Masukujjaman, M., et al., "Factors Affecting the Sustainability Performance of Financial Institutions in Bangladesh: The Role of Green Finance", *Sustainability*, Vol. 13, No. 18, 2021.

Zhou, X. G. , Tang, X. M. , Zhang, R. , "Impact of Green Finance on Economic Development and Environmental Quality: A Study Based on Provincial Panel Data from China", *Environmental Science and Pollution Research*, Vol. 27, No. 16, 2020.

# 后　　记

绿色金融一直是我的研究方向。我清晰地记得，多年前我买了一本名叫《商业银行绿色金融实践》的书，也是我买的第一本关于绿色金融的书，看了很多遍，因为当时研究绿色金融的不多，系统性的专著也很少，所以我也只能边摸索边学习，好在通过参加马骏老师发起的中国绿金委年会、王遥老师发起的中央财经大学绿色金融国际研究院的年会，认识了一批在绿色金融领域有共同志趣的专家学者、专业人士，日常一直与他们保持科研交流，对我帮助很大。后来，慢慢积累了一些绿色金融的学术成果，参与了省委委托的一些绿色金融的相关研究项目，并成功申请了国家社科基金、山东省社科基金等课题，所做的这些工作，都是为了努力让自己始终在绿色金融基础研究与应用研究的大部队中，常学常新，争取不掉队。

2020 年，我在中国社会科学出版社出版了自己第一本绿色金融方面的专著《绿色金融支持国家重大区域发展战略研究》，可惜那本书中并没有涉及山东省方面的内容，妻子还开玩笑地说，"作为山东人，应该多写一点关于山东绿色金融的东西才对嘛"！为了更加聚焦山东本土化，我也一直在考虑写一本关于山东绿色金融发展的书，经过前期的筹划、调研与写作，完成了今天的这本《"双碳"背景下山东省绿色金融的实践研究》。这本书可以视为全省绿色金融成果的一个集中呈现，其中也包含了我个人对将来全省绿色金融发展的思考，在研究视野上与2020年那本绿色金融专著相呼应，算是一个姊妹版吧。

本书在撰写过程中得到了中共山东省委政策研究室、中共山东省委财经办、山东省发展改革委、山东省财政厅、山东省生态环境厅、山东省地方金融监管局、中国人民银行济南分行、山东省银保监局、山东省证监局等省直部门单位的大力支持，得到了中国农业银行山东省分行、中国工商银行山东省分行、国家开发银行山东省分行、中国农业发展银行山东省分行、恒丰银行总行、兴业银行济南分行、中泰证券、国泰君安证券、山东发展投资控股集团等金融机构的大力支持，以及北京大学、中国人民大学、中央财经大学、山东大学、山东财经大学、山东省科学院等高校院所的大力支持。让我在绿色金融政策研究、实践研究、理论研究方面有了全新的认识与理解，为本书撰写提供了丰富的案例素材、翔实数据，在此表示诚挚感谢。同时还要感谢在调研阶段浙江省湖州市社科院、湖州市金融办、中国银行湖州分行提供的关于湖州市绿色金融的宝贵材料，省内济南市、青岛市、烟台市、威海市、淄博市、东营市、潍坊市等提供的实践案例、创新经验，这些都为本书的撰写开拓了思路，也为山东绿色金融发展提供经验借鉴，在此表示诚挚感谢。

感谢长期以来在绿色金融研究领域与我并肩作战的柔性工作团队，他们虽然日常工作繁忙，但还是不定期与我探讨绿色金融问题。这些专家学者包括（排名不分先后）：山东省委财经办协调督导处马文杰处长、山东省委政策研究室综合处周健处长、人民银行济南分行货币信贷统计处刘春波处长、山东省科学院能源研究所孙荣峰主任、山东财经大学金融学院李成友教授、山东财经大学研究生院李晓老师。感谢山东社会科学院院领导、科研管理部、财政金融研究所的领导同事在日常科研工作上对我的无私指导与热心帮助，给了我一个可以心无旁骛做科研的好环境、好平台。

特别感谢我的家人在我科研路上的默默支持，我平时比较含蓄，很少正式对家人道一声感谢，借本书出版之际，要向我的家人致谢。门外是世界，门里是自家，感谢家人的辛勤付出，让我抬头有方向、回首有归途，我深知我取得的任何成绩、任何荣誉都有家人的一份功劳。

感谢中国社会科学出版社责任编辑王曦老师一如既往的支持，王曦老师为本书的出版投入了大量心血，在此我表示衷心的谢意。

最后，要说明的是，本书的分析和建议为本人和课题组成员的研究成果，不代表山东省或其他政府部门的观点。文中的疏漏和不足之处请各位读者海涵。

王　韧<br>
2023 年 1 月于山东济南